U0057717

修身與齊家
以儒家心學為助人知識的家族治療

**Self-Cultivation and Regulating the Family:
The Confucian Way of Family Therapy**

王行　著

作者簡介

王　行

　　學歷：輔仁大學心理學博士

　　現任：東吳大學社會工作學系教授

　　關注領域：家庭關係、男人的社會處境、儒家思想與助人工作、

　　　　　　　非自願性案主

推薦序

井深水自涼，心定書方妙

小時候，記得學校一路都有《中國文化基本教材》的課，我像小和尚唸經般，不知不覺也跟著背下了不少「子曰」，但從不覺得那些古書和我的日常生活有什麼瓜葛。後來，一路聽西洋音樂、寫英文論文、拿國外學位，越發認定自己骨子裡、思想上，根本是個西方人。

而《易經》的簡潔對稱數學結構，對我而言只像是一本暗藏遠古奧秘的天書，無論我閱讀了多少國師經注，仍然沒能悟出天機，莫名其「妙」。

王行老師，早在專業法規制度還在一片霧的年代，他和鄭玉英老師是少數最早跳出來、開始實踐助人專業服務的勇者，是我最欽佩的諮商界前輩之一。後來，他去輔大深造，逐漸走上一條人煙更稀少的路。

這本書，相當程度的統整了他這些年來鑽研的心得成果。帶著多年來他在家族治療的專業經驗，以及中年男子的人生體會，他對這些傳統文化經典的解說，讓我逐漸開始可以把「儒學」和《易經》這些古傳天書，和我熟悉的當代日常生活貫通起來。不僅如此，他的詮釋也開啟了我對家族治療、對心理助人專業的方法與本質，能夠從根本上有著一番反思。這番反思乍看抽象，但其影響竟直通骨髓，深究助人方法背後的哲學立場與認識論，一般新潮的專業理論、操作技術層次之書，遠遠不能與之相比。

王行老師這本書的獨特取徑，讓我想起榮格。榮格少年早慧，是當時維也納精神分析圈中，佛洛依德的頭號接班人。不料隨後師生關係生波，榮格幾乎走投無路，後遁入湖邊石塔，憑著直覺夙夜不懈的獨自往下深掘。當時沒人看得懂他的作品，直到後人終於看出他已掘出人類意識深處的一片新風景，但這已經是多年之後。

　　回想起來，「儒學」和《易經》就像一脈清泉，一直在我身邊、在我心底默默蜿蜒，川流脈動不息，從不曾消失，只是自己年輕時心浮氣躁，不見其玄妙。今日透過王行老師這本書，讓我眼界大開，心裡激動，卻一時語無倫次，因為本書之妙，恐怕是如人飲水，冷暖自知了。

趙文滔

國立臺北教育大學心理與諮商學系副教授
社團法人華人伴侶與家族治療協會理事長

序言

未濟之渡

　　在長達二十餘年學習「家族治療」的經歷中，常感到西方以知識為主的諮商治療觀點，與自身的文化體驗與道德信念多有斷裂之處。在西方世界中，對心理治療帶給現代人生活價值的影響，亦常有懷疑與批判之聲，如婚姻與家族治療學家寶赫提（W. J. Doherty）質疑：以案主的利益與需求為前提，而嚴守「價值中立」之立場的助人專業倫理，其實已忽略了案主所需面對的道德精神，而「道德」應是深刻的人性經驗與文化價值。他也說到：

　　　　「二十世紀見證了心理治療在主流文化中的勝利，但在上一世紀的最後十年，美國大眾對心理治療卻產生了信心危機。他們開始懷疑的，並非心理治療明顯的益處。超過三分之一的成年美國人都曾在一生中某個時候選擇去看諮商師或治療師，而民意調查也顯示，大多數美國人都認為心理治療對個人問題是有幫助的。」（引自李淑珺譯，2014）

　　很明顯的，在臺灣的社會經驗中，認同與接受心理治療的普遍性並不足以與美國相比，然而處於全世界心理治療知識重鎮的美國，他們又為何對這門專業失去信心？寶赫提這位資深家族治療專業教授的看法是：

　　　　「大眾真正質疑的是，心理治療是否能有助於我們這個時代深層的社會與道德問題，和所屬社群的行為？是否只是讓這些問題更加嚴重？這樣的憂慮不但來自外界，也來自心理治療的社群內部。」（引自李淑珺譯，2014）

　　寶赫提提醒我們：助人工作只侷限於幫助案主瞭解自己的個性，並排除心理壓力與生活困擾、適應所處的環境、確定自身發展的需求與利益……，但不足以鼓勵案主面對其生活的道德責任、生命的道德意義、靈性的道德追尋，結果則是令這個世界變得更糟。

　　從人類歷史所積澱的博大深遠之智慧而言，傳承於古希臘文明與基督文明的西方世界，對於當代心理治療理論之建構與發展，已有百餘年的具體貢獻。如今，助人工作者應吸納多方的文明資產與傳統智慧，才足以開創出多元性的心靈療癒知識。據此，除了古印度思想與佛學智慧之外，我認為臺灣的助人工作者對於儒家思想的探究與理解，不僅能落實諮商治療工作「本土化」的內涵，更能補充道德關懷不足的西方專業倫理現況。當代華人往往將儒家文化視為傳統包袱，甚至是壓迫個人發展的權威意識。在這樣的理解中，儒家思想中的道德觀念也常被認為是有違於現代社會中的開放與自由之進步價值。然而，若能有深入理解的機緣，才會漸漸體會歷代聖賢的傳承之道，其實是充滿了：對人性的肯定、對自我成長的期許、對關懷社會人群的道德使命，以及靈性圓滿的生命哲學，而足以充實現代人的心靈需求。

　　我是處於中年危機中才進入輔仁大學心理學系博士班，身心俱疲的老學生認真地捧起聖賢書，而成為生涯際遇中的關鍵性機緣。八年的時間，過的很快，念的很慢，慢的開心，所以過的也特別快！在資格考時，我提出了從儒家經典中實踐心理諮商的構思，當時鈕則誠老師曾以「任重道遠」四字勉勵，而林安梧老師接著以「舉重若輕」四字提點，前後八字即成為個人志於學的自我期許。礙於時限，終以「從儒家經典與我的知行反映中體悟諮商與助人之道」為題完成了論文，文本結束在「未濟」，並以「小狐汔濟」為喻。「未濟」是《易經》中的最後一卦，象徵著眼前有條大河得渡，而剛涉水的心情宛如「小狐」般的戒慎惶恐。博士班的結束，正是渡大河之始；對於「志業」而言，「論文」總是未完成的進行式。

　　本書即是繼續「渡河」的標記。「未濟卦」的第二爻有言：「九二：曳其輪，貞吉」（《易經》），提醒著：不要冒然直行，但要持續守正。據

此，我將會對尚未理解通透的經典，再多些琢磨；將沒能表達清楚的想法，再多些陳述；並且再多些與薩提爾（V. Satir）治療理論的對話。於是，本來想要整理出《易經》中六個卦象對家族治療的啟示，在本書中卻僅能呈現「乾」、「坤」與「家庭」三卦之部分義理與助人工作之呼應。但是，我很高興能將一些在博士論文中曾提出的觀點或體悟，想的更豐富一點，也寫的更清晰一些。其中，最重要的即是「援仁釋愛」，以及將儒家心法中關於「誠」的義理，回應於薩提爾的「一致性溝通」之治療觀點。前者，我認為足以解放被狹隘之「情愛」所束縛的現代人困境；後者，則可將「一致性」提升至形上本體的高度。除了上述重點之外，比較特別的是，我虛擬了「張三」這位人物來取代「實例」。「張三」，或是出自工作經驗的綜合性再現，或是源發於隱匿自我的迂迴性開顯，亦是表徵了現代性人我關係的集體困境。總而言之，「張三」是特殊性存在與普遍性意義之間的交會，雖然所占篇幅不多，但是我需要「他」成為治療對象，方能投射出較具體的療癒地圖。

在本書中，我以助人工作教育者的立場，努力地將儒家心性之學的思想脈絡做了些整理，介紹給專業同道。但在缺乏文史哲專業訓練的背景下，這已是在「困知勉行」的狀態中，以淺顯之見勾勒博大精深之學的粗糙輪廓，希望此舉能有「拋磚引玉」之效，引發心理諮商及社會工作同道們對於「儒門」的關注與興趣，而不再一味地以「封建傳統」而厭之。在西方以治療知識為主流的浪潮中，能以儒門之道反思生命主體的意義質感，將現代助人專業與固有思想文化之間的距離拉近，即是在「水」與「火」之格局中（「未濟」卦象）所必須要渡的大河。而我身處於「六二」之始，必有前人鼓勵，在學術各領域中皆有渡者引領。「當代新儒家」所積累的資產令我震撼；「本土心理學」的努力成果，開展了我的視野；而持續在輔仁大學心理學系中以翁開誠老師為人師的「以友輔仁」之社群經驗，則支持了我不斷前行的信念。原來，自身的困擾以及摸索的志業，早已有延續百年至今的探究與智慧，而足以成為巨人之肩，承載著後輩的思辨，只待我慢慢地消化吸收。而本書即是從社會工作與心理諮商等助人工作的立場，注解前人之著。若能有

新的進展之處，也只是將這些豐富的養分，一丁點地注入於助人工作的土壤。

　　在幾近完稿之時，我又特別邀請了三位資深的助人工作者，以作為同儕式審查而給予意見。其中，以「薩提爾模式」之治療與訓練工作見長的蔡春美老師，建議我應多介紹一些儒家心性之學的發展脈絡，以方便助人專業工作者們的理解；對此意見，如上述所言，我已為文擇要淺介。趙文滔老師則是理論紮實且實務豐富的家族治療學者，他提醒我除了薩提爾之外，結構派家族治療也是可以與儒家思想對話的材料；但我必須承認，自身對結構派的用功不多，所以力有未逮。而王臨風老師與我共讀了近十年的儒家經典，並以諮商工作者的位置將陽明心學融入於會談中，他期許我在本體論上，未來可再多下些工夫，顯然「以文會友」足以見識到自身不盡之處。本書初稿完成後，即由心理出版社委請幾位學術界人士匿名審查，審查委員們指點了多項重要的修改意見，以及未來可再努力的方向，這些寶貴的意見與鼓勵，我已盡量回應增添於本書中，但也自知尚未臻完善，有待自強之健，而此也正應驗了《易經》「未濟卦」中不盡而不息的道理。

　　由於科技部之補助，撰寫計畫的落實多受研究助理林玉翠小姐的協助。她擁有多年行政歷練，態度認真、處事淡定，無論在資料搜尋、文獻蒐集、檔案建立、勘誤校對、經費核銷、進度管控等庶務，皆能有條不紊地如實完成，使我見識到文書秩序的默會技藝。很可惜！只有一年的期限，可以享有此等行政支援；也很慶幸！擁有一年的頂級待遇，方可如期的完成撰書計畫。

　　如果「家庭重塑」是我助人工作之旅的前傳，這本書或許才是進入首部曲之始。從「前」入「始」走了近三十載，會有如此的轉折卻是意料之外的事。中年危機的焦慮，把我推入憂鬱之谷，谷底卻開了一扇門，於是進入由西返東的十年旅程。

　　過了半百，大小事甚難記憶，卻對小時廳牆上的一幅大楷依然能上口：

> 「伊水分來不自由，無人解愛為誰流；
> 家家拋向牆根底，唯我裁蓮起小樓。」

　　童稚年少時，沒人告訴我這首七言律詩之寓意；更沒人強迫我，將其背誦下來。

　　不明白，為何對它的記憶卻是如此深刻？

　　不明白，為何到視茫髮蒼時，才逐漸明白了它對我的寓意？

　　同時也發現，栽蓮者，濟濟多士，又何豈「唯我」而已！

　　生命中發生意料之外的事，如何理解？是在堆疊的舊跡中窮究原因？還是隨著時光緩緩地前行，靜待暮然回首的了悟？過去的我致力於從家庭歷史的探索中理解「案主」的受困之因，如今的我則學著備好一輪明鏡，守望著終極的到來，希望能明白「這一切」所為何來！

王行

2015 年冬於臺北雙溪

目 Contents 次

第一章　心性之學

　　五十多年前，哲學家徐復觀曾說：「儒家思想，為中國思想之主流。但五四運動以來，時賢動輒斥之為專制政治的維護與擁戴者」（徐復觀，1993，第7頁）。若說：當今臺灣仍有不算少數的人對儒家思想存在著負向的感受！這會是言過其實嗎？在我自己人生當中有一半以上時間是排斥儒家的，從國小的「孝親尊師」、國中的「四維八德」，到高中的「文化基本教材」，一路上都覺得窒息、厭煩；到了大學，更確定這些東西是「統治者的工具」、「戒嚴」的思想教育。或許打從心裡抗拒，所以也從沒有費心理解，更常在生活中以其為揶揄的對象。到了研究所，更一路向西地學習進步性的專業知識。後來投入於助人與教學工作時，有很長的時間認為「傳統文化」即是對個體發展的壓迫性結構，而「儒家」則是「傳統」的象徵圖騰，也就經常以其為批判的目標。我發現走在「排儒」的路上，自己其實並不孤單，周遭的玩伴、同學、工作夥伴們其實都是如此（或許是表面上）。直到近十年以來，我若在公開場合（如教學、學術研討、專業討論，甚至同儕閒談）表示儒家思想對助人工作的價值時，反而覺得自己是孤獨的。

　　我不認為過去自己的「排儒」是錯誤的心態，更瞭解當前許多的助人工作者將「儒家」視為「封建文化」的壓迫性結構是有道理的。然而，當我們願意更深入的重新理解「儒家思想」的歷史進程與發展脈絡，用「長大」的眼光重新理解我們年少時的學習，即有機會從傳統文化中找到新的價值。換句話說，我們需要「重塑」儒家思想對華人生活的意義。畢竟「排」與「納」皆是在不同階段時所發展的生存狀態；因為「排」之後才提醒我們要有「納」的必要，因為「納」之後才會衍生出「排」的需求。當今的西方知識已成為現代文明中的主流思想，英美文化已成為全球化下的主流意識，我們對儒家

思想該「排」或該「納」？由於「助人專業」與人倫情感、生命內涵息息相關，也應有所省思與作為。

在臺灣，心理學與社會科學自 1980 年代起已致力於將傳統中國哲思與文化納入研究，試圖與西方知識對話、接軌，甚至重構。其中，「本土心理學」應是當今最具代表性的學術運動。當然在此之前，在華人學術界中，牟宗三、唐君毅、徐復觀，以及方東美、勞思光、李澤厚等思想家，已任重道遠地維繫著儒學之星火於西風之中，等待著大放光明的時刻。或許，「助人專業」──作為心理學與社會科學的應用性知識，可是插枝接壤深根於本土的示範良地，因為它有更多的機緣可接觸、可親近於常民的日用生活中，而成為以生活現象為本的知識。據我所知（恕所知有限），如此的想法前有余英時、杜維明等先進提示，而林安梧（1996）則從其哲學家之要素，以唐君毅之論述精要，創造性地詮釋出以儒學做為意義治療的現代人療癒之道。而在「本土心理學研究」，致力於建構現代知識體系與儒家思想之間的渠道橋樑之心理學家中，余德慧（2001）曾提出以「心學」作為「中國的本我心理學」，而肯定了儒學的存養與鍛鍊等超越性價值，可供本土心理學的接枝與開展。黃光國（1998，2013）則以社會科學的知識論做為反思與批判殖民式學術生產的立論依據，而進一步深耕本土心理學的認識基礎，他也視儒家思想為「後現代智慧」，並以其為含攝文化的「倫理療癒」（黃光國，2014）。另外，鑽研於心理諮商哲思的翁開誠（2004），亦從人本心理治療學家羅吉斯（C. Rogers）的學術生涯發展之掙扎與超越中，發覺了明代心學大儒王陽明的知行之道對心理諮商理論的啟示，爾後更參考李澤厚的論述，詮釋「情本體」的仁學精要，以做為諮商助人的根本大法（翁開誠，2014）。以上舉例性的提起這些先進前輩，主要目的是想說明：從排斥儒家傳統轉而重新認識儒學，我才發現了這原本不知道的路上，其實早已開了不少花，也結出了些果。隨著前人指點，蜿蜒而上，這一路的風光很美也很實在，絕非只是玄思妙想而已。

第一節　「仁」的人性結構

　　超過三百多年前，在儒家思想的歷史進程中，起碼可被分為三期來看待：先秦孔孟之學、漢儒、宋明及其後的新儒家（馮友蘭，1993）。不同時期的儒者皆處於當時的政治社會氛圍以及經濟發展條件，而面對著不同的問題，思索著生命的價值與意義。在「民散久矣」（《論語・子張》）的春秋時代，孔子身為沒落貴族的後裔，以「尚古」為志，主張「恢復周禮」，以維護社會結構的穩定。當時他不只反對掌權者聚財求富，更強調君主應以德性取代刑罰來對待黎民。然而，「這些都反映了被財富打敗，處於沒落命運的氏族貴族的特徵」（李澤厚，1996，第10頁），孔子還是難以挽回宗法體制的衰敗，歷史終究走入地域國族的興起。流亡異鄉、四處碰壁的他，在艱苦的行腳中實踐「仁學」，創建了儒家思想體系的核心價值。「儒」本來是在貴族中熟悉古籍經典的學者，隨著封建體制的解體，這群「知識分子」逐漸散落在庶民生活中成為「遊士」，各憑本事謀求生路前途，有的為人講經，有的在婚喪慶典中執禮，當然也有人成為統治階層的謀士或家臣。但孔子並非一般的「儒」，他是一位「教育家」（馮友蘭，1993），教導儒者們不只是要謀取個人的出路，更應謀求天下人的生路；不只是為個人的生命意義而努力，更應為天下人的生活尊嚴而努力。他曾告訴學生們自己的志願是：「老者安之，朋友信之，少者懷之」（《論語・公冶長》），也曾說出理想的儒者是：「己欲立而立人，己欲達而達人」（《論語・雍也》）、「己所不欲勿施於人」（《論語・顏淵》）。孔子的思想與言行造成了一定的影響，散落的「遊士」們有了共同努力的核心價值，於是儒者成為了「儒家」。

　　「孔子仁學本產生在早期奴隸制崩潰、氏族統治體系徹底瓦解時期，它無疑帶著那個時代的（氏族貴族）深重烙印。然而，意識形態和思想傳統從來不是消極的力量。它一經製造或形成，就具有

相對獨立的性格，成為巨大的傳統力量。自原始巫史文化（禮儀）崩毀之後，孔子是提出這種新的模式的第一人。……它終於成為漢民族的一種無意識的集體原型現象，構成了一種民族性的文化——心理結構。」（李澤厚，1996，第28～29頁）

依據李澤厚（1996）的歷史辯證觀，面對時代的變遷，孔子踩在保守主義的立場，而力圖恢復封建時代的秩序——「禮」，但卻又批判性的以「仁」作為反壓迫、反剝削，強調人性尊嚴的進步性價值體系。在「禮」與「仁」的矛盾辯證中所奠定的思想基礎，儒家能成為漢民族文化的深層結構，除了機緣條件的偶然性與歷史條件的必然性之外，「仁學」思想也是重要的關鍵。依據李澤厚的分析，「仁」的思想並非是固定的概念與操作原則，而是有機性的整體結構：

　　「『仁』字在《論語》中出現百次以上，其涵義寬泛而多變，每次講解並不完全一致。這不僅使兩千年來從無達詁，也使後人見仁見智，提供了各種不同解說的可能。……看來，要在這百次講『仁』中，確定那次為最根本或最準確，以此來推論其他，很難作到；在方法上也未必妥當。因為部分甚至部分之合併不能等於整體，有機體一經構成，便獲得自己的特性和生命。孔子的仁學思想似乎恰恰有這樣一種整體模式。」（李澤厚，1996，第12頁）

所謂「有機體」，即是向外開放、向內調節，既可穩定又能改變的結構性組織，換句話說，「仁學」是活的思想！用李澤厚的說法是：

　　「它由四個方面或因素組成，諸因素相互依存、滲透或制約；從而具有自我調節、相互轉換和相對穩定的適應功能。正因如此，它就經常能夠或消化掉或排斥掉外來的侵犯、干擾，而長期自我保

持、延續下來，構成一個頗具特色的思想模式和文化心理結構。在塑造漢民族性格上留下了重要痕跡。」（李澤厚，1996，第 12 頁）

上述所言組成「仁」結構的四個方面或因素，可進一步分析為：

1. 血緣基礎：孔子以「仁」釋「禮」，源自巫史傳統的「禮」則是維持氏族社會穩定的力量，而氏族出自血緣基礎。孔子「尚古」以周氏為宗，並說：「邇之事父，遠之事君」（《論語・陽貨》），以血緣關係延伸為政治哲學；而「仁者，人也，親親為大」（《中庸》），則將「仁」的價值從人性基礎連結至血緣情感。

2. 心理原則：孔子將「禮」從外在規範的尺度，回返至內在的本質意義。「人而不仁，如禮何」（《論語・八佾》），他質疑若沒有自發性的人倫情感與理性價值，也就失去了「禮」的內涵價值。於是生活的常規要求轉而成為心理的自覺能力，從他律性的制約提升為自發性的道德。

3. 人道主義：孔子致力於恢復舊時代的價值，從此方面而言，當然是保守主義者。但是，他是以過去的理想典範作為批判當代時政的依據基礎，從這樣的角度來看，孔子也是一位「改革者」（李弘祺譯，1983）。他所主張的「仁」，是建立在人倫情感與理性價值的心理原則上，並且鼓勵從氏族體制中之狹隘的禮法規範與血緣關係，向外擴散至更大的族群與社會生活。「親親而仁民，仁民而愛物」（《孟子・盡心》）的說法，即是源自孔子從血緣之親擴展至廣博之愛的人道主義。這對於春秋之末暴斂征伐的政治經濟氛圍，無疑是一種思想性的對抗與變革。

4. 個體人格：人道主義是「仁」向外實踐於社會關係中，而向內「反求諸己」，即是完善人格的成全。「古之學者為己，今之學者為人」（《論語・憲問》），儒門的「為己之學」在孔子時期即已確定，且以「君子」之稱看待志於鍛鍊成為仁者之士。「君子無終食之間違

仁，造次必於是，顛沛必於是」（《論語‧里仁》），從「仁」而論的完善人格，並非完美的個性，或是完備的德性覺醒能力，而是對自己生命意義的覺醒與反思（盡己），以及在人倫關係中的感知與同理（及人），並以「善」為終極性的關懷（至善）。孔子把「知」的高度，從見聞之知，提升至德性之知；把「學」的向度，從「因他而學」回轉為「因己而學」。因為是「為己」而非「為人」，所以可以「知其不可而為之」（《論語‧憲問》），也就是不算計後果利益，而只重視實踐內在人性中的「仁」之意願：「士不可以不弘毅，任重而道遠。仁以為己任，不亦重乎？死而後已，不亦遠乎」（《論語‧泰伯》）。

上述「仁學」的四個因素，按李澤厚的說法：

> 「四因素機械之和不等於『仁』的有機整體。這個整體具有由四因素相互作用而產生、反過來支配它們的共同特性。這特性是一種我稱之為『實踐理論』或『實用理性』的傾向或態度，它構成儒學甚至中國整個文化心理的一個重要的民族特徵。」（李澤厚，1996，第 26 頁）

我們有必要區分李澤厚所言的「實踐理性」與美國杜威哲學的「實用主義」（pragmatism）之不同，否則很容易將儒家思想導入經驗性及工具性的層面。杜威（J. Dewey）曾提出「真理即是有用的東西」之命題，而認為能在經驗中有實際效用的知識即接近了真理。而「實踐理性」所強調的並非「效用」而是「踐行」，所依循的目的並非見聞的真理，而是德性的價值。雖然與「實用主義」同樣的不在理論上爭辯抽象之形上問題，而重視現實生活處理日用的課題，但儒家思想更在意於實踐中體認「道之所從」，而非「用之果效」，換句話說，它是價值理性而非工具理性。李澤厚的解釋是：

「所謂實踐（用）理性，首先指的是一種理性精神或理性態度，與當時無神論、懷疑論思想興起相一致。孔子對『禮』作出『仁』的解釋，在基本上傾向符合了這一思潮。不是用某種神秘的狂熱而是用冷靜的、現實的、合理的態度來解說和對待事物和傳統；不是禁欲或縱欲式地扼殺或放任情感欲望，而是用理智來引導、滿足、節制情欲；不是對人對己的虛無主義或利己主義，而是在人道和人格追求中取得某種均衡。對待傳統的宗教鬼神也如此，不需要外在的上帝的命令，不盲目服從非理性的權威，卻仍然可以拯救世界（人道主義）和自我完成（個體人格和使命感）；不厭棄人世，也不自我屈辱、『以德報怨』，一切都放在實用的理性天平上加以衡量和處理。」（李澤厚，1996，第 26 頁）

承上所言，儒家思想的「實踐理性」是依於心理原則（自覺性的道德情感），歸於理想價值（人道主義、個體人格），考於日用生活（禮法規範），行於現實世界中的利害與人欲，在理性的實踐中體認到諸多矛盾裡的均衡感。李澤厚（2002）以恰如其分之「度」表示儒家思想所追求的實踐性美感，孔子本人的一生在遭遇與作為之間也表現出這樣的美感。這位儒門的創始者終身無緣見到王者以德治天下的仁政，但是「仁學」的思想卻留給中國文化深層意識結構的遺產。依據馮友蘭對孔子的學術性論斷：

「他的工作是以述為作，這使得他的學派重新解釋了前代的文化。他堅持了古代中他認為是最好的東西，又創立了一個有力的傳統，一直傳到最近的時代，這個時代又像孔子本人的時代，中國又面臨巨大而嚴重的經濟、社會變化。」（馮友蘭，1993，第 46 頁）

第二節　邅變中的道統

　　我們可以確切的認為，透過「以述為作」的學術工夫，孔子所創立的儒家思想是由世世代代諸多儒門弟子所傳遞。在每個世代中具有影響力的儒者，也都是在面對其當時所處的大環境之「重大變化」，而提出既傳統又新潮的創見，儒家思想才能歷久彌堅的紮根於文化的深層中。源自於唐代韓愈的「道統」之說雖有其狹隘與不周之處，但是大抵指出儒門的傳遞路徑有其系譜性，而孟子即成為後世儒門所共認的道統傳人之一。相對於強調社會控制的現實派之荀子，孟子代表了儒家理想主義的延續與發揚（馮友蘭，1993）。傳說他直接授業於子思（孔子之孫），並曾為當時的學術中心——「稷下」之士。戰國七雄之一齊國網羅天下賢才，在其首都附近稷門之處成立了一流的學術機構，並厚待這些學者，而孟子也是其中之一。然而，這位來自鄒國的理想實踐家並不安於被養於此，也展開了周遊列國之舉，四處遊說君王行德政，實現「以仁治國」的理想。當時的政治社會環境比春秋時期更為險惡，天下紛爭不斷、戰亂頻繁，孟子以其道德勇氣「說大人，則藐之」（《孟子・盡心》），像是雄辯家般試圖影響以己利出發的君王們，能為天下之大利著想。然而，他的激進性行動卻依然無法阻擋現實社會的變遷，在歷史的進程中，孟子所大力倡導的恢復井田制，以仁義得民心的人道主張，似乎只是「尚古情懷」的迴光返照，而沒有具體的變革成果（李澤厚，1996）。

　　但是，孟子發揚孔子的仁學而建立其「性善論」，認為每個人的人性皆有善性的潛能，若充分發揮善性則足以成聖。他說：「人皆有不忍人之心」（《孟子・公孫丑》），又說：「人皆可以為堯舜」（《孟子・告子》）；人性的善性可由「四端」體現：「惻隱之心，仁之端也；羞惡之心，義之端也；辭讓之心，禮之端也；是非之心，智之端也。人之有是四端也，猶其有四體也」（《孟子・公孫丑》），而物性的人必須通過「四端」的發展，才能成為人性的人。物性的人與其它物種之獸並無區分，皆受限於自然條件，

而人性的人才是真正成為「人」的意義與價值。他說：「人之所以異於禽獸者幾希，庶民去之，君子存之」（《孟子・離婁》），「去」與「存」皆指的是善性潛能之體現，也就是「四端」。立志成為「君子」的人，會珍惜「四端」的體現，時時刻刻保存與養育這善性之體，使其逐漸擴充：「凡有四端於我者，知皆擴而充之矣。若火之始然，泉之始達。苟能充之，足以保四海；苟不充之，不足以事父母」（《孟子・公孫丑》）。

孟子的「存善」思想也可以說是道德自覺的活動，並且將道德之善提升為人性本體的高度，用今天的語言來說就是人性潛能充分達到自我實現的狀態，這種狀態才是孟子認為的「人」。「存善」的活動實踐於生活中，尤其是在苦難的日子裡，這就是「養氣」的工夫。愈是遇到不順遂，愈是激發人性潛能的時機，君子也愈有機會以實踐的精神體現「四端」之心，於是逐漸凝聚意志與感性的力量——「氣」。孟子說：「我善養吾浩然之氣……其為氣也，至大至剛，以直養而無害，則塞于天地之間。其為氣也，配義與道；無是，餒也」（《孟子・公孫丑》），這就是他著名的「養氣」工夫論，而「氣」不只是在人性層面發生，更是存在於天地宇宙之間，於是人性的顯善即是天德的開顯，人與天即為一體之善。「本善—四端—存善—養氣」從人性潛能、人倫關係、生活實踐到修養工夫，孟子上承孔子的仁學，而發展出更完備的仁心與天性相通的理論架構，為後世儒門的心性之學鋪了路。

戰國紛亂之後的中國開始進入了帝國式的大一統時代，以法家統治天下的秦朝很快的垮臺而被漢朝取代。經過短時期以黃老治術修養生息之後，新的帝國又開始了思想統一的政治工程。漢武帝採納董仲舒的建議，以儒家作為官學，六經成為意識型態的標竿，孔子的地位從此被提升到高處而神格化。當儒家思想被用作國家的控制工具時，其內部也發生學派（今文學派與古文學派）的鬥爭，這些內外的因素，反而在高舉儒門義理的同時，逐漸失去了孔孟思想的某些內涵。牟宗三曾對漢儒做了簡短的評論：「兩漢雖推尊儒聖，然因為忙於傳經，並未真能瞭解孔孟立教之真精神、真型態以及其真實的內容」（牟宗三，2003，第19頁）。此後，歷經魏晉南北朝與隋唐等大小

帝國時代，面對佛老思想的興起，儒學皆是處於衰弱狀態，雖有韓愈大聲疾呼「文以載道」，也是孤掌難鳴、不成氣候。但延續六百多年的沒落，給了宋明時期「新儒家」登場的時機，延續了儒門「道統」，終於發揚了孔孟的心性之學。

第三節　儒學的復古與更新

　　起於宋代至明朝的「新儒家」，象徵著儒學思想的改革與復興。據西方學者狄百瑞（W. T. de Bary）的看法（李弘祺譯，1983），肇因之一乃是與政治革新的運動息息相關，北宋王安石的變法雖帶來技術官僚的鬥爭（黨爭），卻也使儒門內部產生「道統」的爭議。其中有一派認為，「道統」不該回頭按照陳舊而走，「*因為他們都認為『道』並非僵死於過去，反而對人類新的境界兼具生命力與適應性*」（李弘祺譯，1983）。這些儒者努力將傳統做更多創造性的詮釋，漢代之後如槁木般的學術思想，終於逐漸產生了再生的契機。按牟宗三（2003）的觀點，「新儒家」係承舊（孔孟）而新（心性），也就是確定了「內聖之教」的理論系統與實踐方法。所謂「內聖之教」是對應於「外王之道」，孔子以奠定典章制度的周公為其精神楷模，「外王之道」之意即是聖人之德外延於政治社會於天下人，此即為君子的生命價值所在。而「內聖之教」即是以孟子所言：「*人皆可以為堯舜*」（《孟子・告子》）的信念，認為「聖人」是可以透過修己而達到的生命境界。「新儒家」重拾「內聖」，主要也是因應漢代之儒雖有對制度的貢獻，卻疏於回應生命終極性境界的問題，而逐漸失去了人心。佛老思想的興起，正顯示出人性有安身立命的需求，簡言之，就是生命對我的意義何在？在漢儒三綱倫理式的教條中難以得到超越性的解答，於是「內聖」的追求與實踐即成為宋儒面對佛老超越之道的思想意識。老莊以「無」為道，佛以「空」為道，宋儒則以天地之間不息的生命與實踐為道，透過「內聖」修養之完備，即可參贊此「化育」之道。簡言之，佛老以了脫生命現象為終極性的超越，而「新

儒家」則是以對生命的重視與實踐作為道德性的超越，此道德性的超越即是
人的終極性意義與價值。「新儒家」對「道」的形上詮釋是源自於《易
經》，誠如狄百瑞的評解：

> 「《易經》的〈繫辭傳〉特別強調『道』具有生生不已的活力
> 與創造性。對道學早期的大師程頤而言，這個觀念正好與佛教之以
> 變為無常、以道為了脫生死輪迴的看法構成對比。《易經》書中所
> 呈現的儒家形上學對於道提供了一個正面的看法，認為道永遠可以
> 為人類所理解，也永遠能適應一般人的需要。因此，在程頤的新古
> 典主義思想中，再現與再生乃成為重要價值。真理可以直接從經典
> 中找到，而且當下可以應用到人生的再生之上。」（引自李弘祺
> 譯，1983，第2～3頁）

宋儒不只從《易傳》中建立儒門的形上學知識系統，亦從其他經典中尋
找更新與創造的靈感。有名的例子之一即是《大學》首章之句中的「親民」
一辭，程頤即將「親」作「新」解，而強調「苟日新，日日新，又日新」
（《尚書》）的創生義理。《大學》與《中庸》這兩篇取自《禮記》中的論
述也被宋儒所獨厚，並與《論語》、《孟子》並列成為儒門的「四書」與
「五經」齊名之重要經典。宋儒以《易經》作為形上知識所建構之「天」、
「道」與「人」之間的關係，非如老子所言「人法地，地法天，天法道，道
法自然」（《道德經》）之回歸依循，也不是佛家涅槃修練的境界階層，
「新儒家」則是以《中庸》作為重要的補充材料。《中庸》首句：「天命之
謂性，率性之謂道，修道之謂教」，即把天命、人性與求道三者之間的關係
化約為一整體：人性之善與天命相通，開顯人性之善即是「道」，此「道」
既為人道也是天道，而實踐此道的過程就是「內聖之學」（或許可以說成是
人性觀與生命價值的立場）。

由於「新儒家」的「為己之學」皆從「性理」言之，所以又被後世稱之

為「理學」。所謂「性理」即性命天道之理，按牟宗三的解說，兩漢時期雖然「獨尊儒術」，但囿限於俗世中事理與情理面之工具性價值，儒學中超凡入聖的生命價值之奧義終究難以彰顯，直到宋儒才又延續了從性（本質）論理（存有）的哲思：

> 「『性命天道』向來為儒家思想的中心問題，把這問題的意義確定，把儒學超越的奧義大大地昭彰，就是宋明儒大談『性理』的功績。因此，儘管他們未能把全部儒學彰著得好，但他們的『性理之學』在弘揚儒教上，卻占著極高的地置。」（牟宗三，2003，第15頁）

發揮儒門內聖之學的「新儒家」，又可分為程朱的理學派及陸王的心學派兩宗。以程頤與朱熹為代表的「理學」，主導了宋明兩代的思想。北宋時期的陸九淵不滿於程朱理學的「支離破碎」而有失聖學精義，乃進一步提出「心即理」的「易簡工夫論」，成為程朱之外的「心學」，直到明代大儒王陽明才將心學發揚光大。理學與心學之分主要在於理在「外」（客觀規律的存有）或在「內」（主體意識的存在）。大儒朱熹認為，內聖工夫是透過窮究事理（格物），而達到體悟真理的「致知」境界，再從「致知」之境覺悟己身的存在意義（修身）與實踐人倫的價值（齊家、治國、平天下）。如此嚴謹的次第工夫，其實是將「理」置於外在的現象世界內，鼓勵人去追尋存於己外的「道」。然而，孟子有言：「學問之道無他，求其放心而已矣」（《孟子‧告子》），從心學的立場而言，「求其放心」即是將忙於追求外在現象的心回返於內求己心，因為理不在外界現象而在己心。

雖然理學與心學兩者對於「理」有不同的見地並互有批判，但是它們仍然被後世共稱為「宋明理學」，概係出於這些「新儒家」努力將倫理道德提升至宇宙本體論的高度。依據李澤厚的說法是：

「如果從宋明理學的發展行程和整體結構來看，無論是『格物致知』或『知行合一』的認識論，無論是『無極』、『太極』、『理』、『氣』等宇宙觀世界觀，實際上都只是服務於建立這個倫理主體（ethical subjectivity），並把它提到『與天地參』的超道德（trans-moral）的本體地位。」（李澤厚，1996，第 233 頁）

而如前所述，宋明之際諸士努力於建構儒家思想的形上學基礎，主要是針對漢代之後興起佛老之學的向外反動到對內反思之發展歷程：

「自南朝到韓愈，儒學反佛多從社會效用、現實利害立論，進行外在批判，真能入室操戈，吸收改造釋道哲理，進行內在批判的，則要等到宋明理學了。宋明理學的這種吸收、改造和批判主要表現在：它以釋道的宇宙論、認識論的理論成果為領域和材料，再建孔孟傳統。」（李澤厚，1996，第 234 頁）

換言之，無論程朱理學或陸王心學，其以「道德主體」所建構的宇宙本體論，皆有受到佛家與老莊思想的影響。佛以「涅槃」為修行彼岸，道以「自然」為人生境界，儒家則將「德性」視為生命的終極性價值。

被朱熹尊為理學之首發的北宋周敦頤，以儒家思想中的「誠」做為人倫生活與自然宇宙之間的接通，將倫理的範疇提升至本體論的層次，開啟了「道德的形上學」。其後，邵雍提出「觀物者，非觀之以目，而觀之以心也」（《皇極經世・觀物》）的認識論命題，而認為萬事萬物皆有其「理」，並與人的「心性」相連感通。承接周與邵的開端，張載被認為是「宋明理學」的奠基者，其所言：「為天地立心，為生民立命，為往聖繼絕學，為萬世開太平」（《西銘》），即成為儒學天人合一的價值哲學。宋明理學的「天人合一」與漢儒的「天人感應」有極大的區別，後者是視人心有感應天體運動的能力，而前者才是繼孟子之後的「心性之學」。宋儒認為，「人心」是上

承天道，下繼人倫的道德性主體，可以「與天地合其德，與鬼神合其吉凶」（《中庸》）的價值性存有——「德性」。張載並將德性的實踐視為知識的終極性意義，相對於「見聞之知」，「德性之知」才是「為己之學」的核心追求。爾後，程顥與程頤兄弟確定了以「德性」為治學之本的路線；長兄程顥強調以本心去領會德性，而程頤卻要求通過對事物之「理」的認識而逐漸去體悟「德」，顯然大程（顥）是以內省為本，小程（頤）則是外修為要，其後將「理學」發揚光大的朱熹即是依循小程的路線。治學嚴謹的朱熹，透過其學術聲望與勤奮的注述工夫，逐漸成為宋明理學的主流，直到王陽明才又重新開啟了「心學」新契機，帶來儒學的突破性變革。王陽明之後，其門生繼續從事傳道的工作，並且更特意的在販夫走卒、鄉野庶民中講解「人皆可以為堯舜」的儒學要諦，致力於良知自覺的草根性組織工作，以「覺民行道」取代過去儒士「得君行道」的意識，而逐漸形成「風行天下」的社會運動（余英時，2010a）。其中，以泰州學派的王艮（1483-1541）、王畿（1498-1583），以及李贄（1527-1602）為代表性人物，更為激進的強調個人之主體性自覺而突破了儒家諸多禮教意識，而被現代學者視為「左派心學」（嵇文甫，1990）。

　　明末的政局混亂、清初的異族統治，導致儒家考據學的興起與心學的沒落。再經過三、四百年之後，西學東來，清末的中體西用、民初的全盤西化，皆是試圖振興國力的思想改造工程，而儒家思想也在此期間成為祭品，被視為阻礙中國人進步的源頭（蔣夢麟，1994）。1930年代著名的「科學與玄學之論戰」是當時儒門學者（張君勱等人）的最後一役，當代中國終難阻擋「西潮」的湧入。在「五四運動」中高舉「德先生」與「賽先生」的旗幟下，青年知識分子為中國的文明做了重大的選擇，立即坦開心胸擁抱進步的西方知識，準備走入「新世代」，而孔孟等聖人成為禮教吃人的象徵，儒家思想則被定位為封建迂腐的「傳統文化」。但是，部分深受儒家薰陶且與時俱進的學者（如王國維、梁啟超等人）則持「中西二學，衰則俱衰」的先見，在「全盤西化」的時代氣氛中展開「整理國故」的學術運動，努力將儒家思想與西

方哲學接上軌（余英時，2010a）。

國共內戰後，「新中國」以政治革命成功者的姿態展現於世，並且確定了「世界上只有一種正確的社會科學，這就是馬克思、列寧主義」（余英時，2010a，第 61 頁）。直至 1980 年代，約三十年的期間，儒家與其他非馬列主義的學術思想皆在大陸消失。但是由國民黨執政下的臺灣卻也在此時積極推動「復興中華文化運動」，在政治權力的推動下，形成從上而下的威權式思想教育模式，一面反噬了儒家思想的自覺性內涵，另一面卻也撐出一張保護傘，讓一流的文史哲學者在全面西化的知識土壤中，繼續致力於「國故學」的整理與創新：

> 「與大陸對照之下，臺灣在 1949 年以前和中國人文研究主流是隔絕的，但此年以後，不但全面承擔了這一主流，而且推陳出新，無論在『整理國故』或吸收西方文、史、哲與社會科學方面，都超過了 1949 年以前大陸的成績。」（余英時，2010a，第 73 頁）

1980 年代時期，大陸在改革開放的政治運動下，出現了對固有儒家思想的討論熱潮，一直到本世紀初，「中國元素」已然升溫成為全球性的熱潮。在面對這股熱潮中，歷史思想家余英時認為：

> 「臺灣則恰恰從 1949 年起接上了人文研究的傳統，一直延續和發展到今天，其根基是相當鞏固的。……所以臺灣人文研究的優勢是一個無可否認的事實。不用說，我們也期待臺灣人文社會科學界今後能承擔起更大的責任。」（余英時，2010a，第 76 頁）

余英時言下所謂的人文研究傳統，概指上世紀初面對西潮時，知識分子們對於「中西二學，盛則俱盛」的努力，延續性的促進中西二學的對話與相容。這傳統力量的代表之一即是以「當代新儒家」著稱的學術圈。1958 年，

由唐君毅起草，牟宗三、張君勱、徐復觀等人聯署發表了「為中國文化敬告世界人士宣言」被視為「當代新儒家」的重要宣言式文獻，其中以「新儒家」的心性之學做為與西方思潮對話的重要依據。「當代新儒家」之起源可從熊十力、梁漱溟、張君勱、馮友蘭等人論起，而以兩岸對峙時期的牟宗三、唐君毅、方東美、徐復觀等為代表，延續到 1980 年代之後的余英時、杜維明、成中英等為後繼。他們共同的特質即是對於中西方哲理的會通，以及對於心性義理的重視。

第四節　「心」的革命

如前所述，儒門的心性之學從孔孟發端後，由宋明理學承接延續而發熱發光，期間所發生「理學」與「心學」之間的分歧，也代表了儒家思想的「典範轉移」。這轉移是從本體論的立場改變而生，「性即理」（程朱）與「心即理」（陸王）各對「理」有不同的論斷。這本體也可以說是心性之體，所謂「心性」若用人性與天性的本質來解釋則較為淺顯。「夫子之言性與天道，不可得而聞也」（《論語‧公冶長》），據門人說孔子本身很少談到人性的本質[1]，但是後世的孟子則依據「仁」發展出「四端」的人性觀。到了宋明理學時期，又將「仁」擴充為「與天地萬物為一體」的「道」，人性能與天地相應、萬物相通皆因為「道」。從「四端」之人性觀發展至天地萬物之道，係源於孟子對心性的詮釋。孟子言下的「心性」是超越物種與人類範疇的視野，而認為人的心性是無限潛能的「存有」：「萬物皆備於我矣，反身而誠，樂莫大焉」（《孟子‧盡心》），宋明理學才進一步的將這樣的「存有」理論化、論述化與具體化。對於面對佛老思想衝擊的儒家學者，必須要將孟子所言「盡心、知性、知天」的道理搞清楚，才能提出更完備的思想系

---

[1] 若以夫子曾言：「食色，性也」（《孟子‧告子》）而論，此「性」概指「物性」（也就是自然習性）。

統。何以開顯人性善端（心性）即能參天地、化萬物（道）？其間必有其理，所以才提出對心性之「理」的豐富內涵。

在《易傳》中，「*形而上者謂之道，形而下者謂之器*」（〈繫辭傳〉）的這句哲思，被程朱學派演繹，而認為凡存於世的萬事萬物，一定有某種成因或材質（氣）而構成某種原理（理），這種「有此物必有此理」的想法，類似於西哲亞里斯多德的觀念（馮友蘭，1993）。朱熹的說法是：「*形而上者，無形無影是此理；形而下者，有情有狀是此器*」（《朱子語類》），「理」是形而上的「道」，而萬物的存在狀態是形而下的「器」；「器」是具體的樣貌，「道」則是抽象的原理與定律。而人也與萬物一樣存於世，所以也必是「理」，於是程朱對於人性觀即提出「性即理也」的論斷。然而，人與事物必有不同，朱熹的學生問老師：「*理是人物同得於天者，如物之無情者，亦有理否*」（《朱子語類》），朱熹的回答是：「*固是有理。如舟只可行之於水，車只可行之於陸*」（《朱子語類》）。所以按照程朱學派，萬事萬物不是皆有情、皆有心，但是卻皆有理。事事物物都有它自己特殊的性，這就是「理」。「理」就是存在的事物之終極道理，而創生萬事萬物的宇宙，其存在亦有最終極之理，此理就是「太極」。朱熹的說法是：「*事事物物皆有箇極，是道理之極至。……總天地萬物之理，便是太極*」（《朱子語類》），萬事萬物各有其終極之理，宇宙本體也有其理被稱之為「太極」，萬千諸多之理與太極又有何關聯？朱子以月亮只有一個，卻映於不同的江湖為喻：「*如月在天，只一而已。及散在江湖，則隨處而見，不可謂月已分也*」（《朱子語類》），這即是宋明理學中「理一而分殊」的重要概念。

在天人之際間，朱熹將「理」置於外在現象世界的諸事諸物之中，必須透過「窮究其理」的工夫，才能悟道，才能「萬物皆備於我」，才能「與天地參」，而這樣的治學過程也是「內聖外王」的成德之道。「新儒家」以《禮記》中的《大學》為「入德之門」，而特重從「格物」到「平天下」的八個條目，並引為治學工夫，循序漸進、由小而大、由內而外、由聖成王，以建構成完整的知識系統。其中，「格物」與「致知」是重要關鍵階段。朱

熹將「格物」之「格」作「窮究」解，「物」即是事事物物，而「知」的對象則是事物之「理」，「致知」就是達到了知「理」。於是將「格物」與「致知」合在一起解，就是在事事物物上窮究，才能達到真知其理的狀態。朱熹的說法是：「《大學》所以說格物，卻不說窮理。蓋說窮理，則以懸空無捉摸處。只說格物，則只就那形而下之器上，便尋那形而上之道」（《朱子語類》），換言之，我們必須透過外在具體事物的認識與理解，才能體悟形而上的「理」，知道愈多的「理」，也就愈有條件弄清楚我們作為人的「性」。朱熹說：「性即理也，在心喚做性，在事喚做理」（《朱子語類》），於是清楚了心性之理（致知）後，才能確定自身意念之誠，意誠了就該把心放正，這樣才能進入修身、齊家的工夫，並進一步發展治國、平天下的能力。

　　從朱熹所解的入德之次第工夫，可以看出他所建構的「理」世界所表現的道德本體論之特性，藉李澤厚的分析是：「萬事萬物之所以然（「必然」）當即人們所必需（「應然」）崇奉、遵循、服從的規律、法則、秩序，即『天理』是也」（李澤厚，1996，第245頁）。換言之，萬物之理、人心之性，皆於「道」中。按其理本於性而為就是行正道，於是成為君子的內聖之路即是依從於此至高之道。朱熹的「理」構成了一龐大的理性道德架構，李澤厚（1996）認為朱熹的「理世界」主導了整個宋明理學的二元對立──「窮天理，滅人欲」的主張，凸顯了道德理性的主宰性，而壓縮了人的感性欲求。「餓死事小，失節事大」成為後世對宋明儒者的印象。源於感性經驗的欲求，在日用倫常中時時發生、處處存在，朱熹的「理世界」強調了為人的道德義務，卻犧牲了人欲的感性存在。但是，感性存在也是孔孟論「仁」的重要依據。「惻隱之心，人皆有之」（《孟子・告子》），「仁」即是感性的存有，並被宋儒視為天理所在；而「欲」雖也是感性存有，卻被宋儒認定為該去之物。在感性存有的經驗中，「天理」與「人欲」又該如何分辨呢？所以連朱熹也承認：「天理人欲，幾微之間」（《朱子語類》），並且認為二者並非截然對立與表象：「雖是人欲，人欲中亦有天理」（《朱子語

類》）。也因為「天理人欲，無硬定底界」（《朱子語類》），所以為學的次第工夫，對程朱學派而言即更加審慎，並且循序而進的為學之路必定漫長。然而，處於封建社會的階級時代中，儒門出身的政治官僚，未必審慎敬業的按部就班追求內聖，他們似乎極容易以維持穩定秩序的抽象制度與文化規範作為「天理」，而形成「禮教吃人」的壓迫性意識型態。

　　程朱學派的困境，我們可以透過其對「人心」的觀點而窺出端倪。被視為儒門心法的《中庸》中有言：「喜怒哀樂之未發，謂之中；發而皆中節，謂之和」，感性的存有在未發的狀態，朱熹認為此未發之心即是「道心」，而已發的感性經驗則是人心。於是心可分為未發的道心及已發的人心，這似乎正合於古籍經典中「人心惟危，道心惟微；惟精惟一，允執厥中」（《尚書》）的心法。對程朱而言，道心是抽象之理，人心則是具體之物。理必透過物而展現其義，物必達理而開顯其道。仁義是道心，惻隱是非則是人心；道心是透過人心而發，若發而中節，則是道心與人心之和。於是理性世界必透過感性經驗才能發顯，感性經驗不能偏離理性世界，否則即有過度橫流的危險。然而，「心」被理學家們區分為二之後，又說道心不離人心，又以道心管制人心，「心」的二元且雙重化，更強化了理學體系的內部矛盾。

　　從強調「道」與「器」的二元、「物」與「理」的區分、「理一而分殊」的概念、八條目的次第工夫、天理與人欲的對立，到道心與人心的二重化，即可知道為何與朱熹同時代的陸九淵評其思想：「失之支離瑣碎」。朱熹繼承程頤（小程）的學說而發揚光大，陸九淵的思想卻與程顥（大程）相近。程顥不談「道」（形上）與「器」（形下）之分，卻給「道」一個最簡單的「理」──「生」。他說：「天只是以生為道，繼此道者，即是善也」（李澤厚，1996，第 254 頁），他也不認為「理」、「性」、「氣」、「太極」等嚴密的概念區分有其必要，而直接強調「孔顏樂處」這種純真自然的感性境界。程顥不以「人欲」為「物」而去之，相反的認為即便聖人亦有欲望情感，但是聖人與庶人之別在於「以其心普萬物而無心，以其情順萬事而無情」（《定性書》），這種「廓然大公」之情與欲，才是君子所追求的

「道」。同樣的，陸九淵也反對二元化的區分，而認為陰陽相合即是道，所以「天理」與「人欲」、「道心」與「人心」之區分皆是從支離處求道。於是，他直接提出「心外無理」的斷言：「萬物森然於方寸之間，滿心而發，充塞宇宙，無非此理」（李澤厚，1996，第 255 頁），於是「心即理」的本體立場，被陸九淵確認後，感性的存有在新儒家中得到發展的契機，但也是等了三百多年後才因王陽明而光大，成為新儒家的另類派別——心學。

王陽明透過其為學過程中的多舛，終於在險惡的困境中「悟道」。年少曾放蕩不羈，青年時期因熱衷於程朱之學，「格」了七天竹子這個「物」，結果大病一場。此後遊學佛老，想要找到生命的終極性價值，卻依舊茫然。壯年時期，出仕為官不久即得罪劉瑾而招罪，庭杖後被貶於貴州龍場。在中國西南瘴癘山區，水土不服，文化不利，環境險惡，前途渺茫，生死一瞬之境，驚恐憂鬱的王陽明再三問自己：「聖人處此，更有何道？」然後，正當萬念俱灰時，突然半夜驚醒，悟出了：「聖人之道，吾心足已」（朱志方譯，2013）。按其自述此關鍵性的高峰經驗：

> 「……時瑾憾未已，自計得失榮辱皆能超脫，惟生死一念，尚覺未化，……因念聖人處此更有何道。忽中夜大悟格物致知之旨，……始知聖人之道，吾性自足，向之求理於事物者誤也。」（鍾彩鈞，1993，第 23 頁）

有這次深刻的人性經驗，王陽明更篤定了「心即理」的主張，他說：「心即理也。天下又有心外之事，心外之理乎」（《傳習錄》）。我們可以從以下這段他回答當時學者（顧東橋）的質疑中，體會其所謂的「心即理」為何：

> 「心之體，性也。性即理也。故有孝親之心，即有孝親之理；無孝親之心，即無孝親之理矣。有忠君之心，即有忠君之理；無忠

君之心，即無忠君之理矣。理豈外乎於吾心耶。」（《傳習錄》）

　　悟道之後的王陽明即認真傳述講學，但當時的學者多以「理學」為宗，對別樹一格的「心學」有頗多疑問，王陽明不厭其煩的一一答覆，這些史料也成為其學術思想的重要依據。在回答顧東橋關於「心即理」的疑問中，王陽明提出了與程朱很不一樣的觀點。若按朱熹的看法是先有孝之理才有孝之心，先要窮究孝之理，才能斷言是否有孝之心。朱熹的「理世界」即是照映百川的月亮，而王陽明的「心世界」才是照亮宇宙之理的發光體。

　　相對於理學家以「窮究其理」來解釋「格物」與「致知」的義理，王陽明將「格」以「正」解，而更創造性地以「良知」作為儒門「德性之知」的依歸。「致」的意思，按蔡仁厚所言：「陽明所謂『致』，直接地是『向前推致』之意，等於孟子所說的『擴充』」（蔡仁厚，2007，第24頁）。在困境中他悟出「吾心足已」的道理，這個「心」即是「仁心」。處於憂患的君子，無論孤絕之境或險惡之地，依然能存養著人性中最善的潛能——「仁」，並在生活中努力地實踐這樣的理想價值，而不為世俗名教，只為天地立心，這也就是人性的「良知」。「良知」之「知」並非見聞之知、玄理之知，而是自覺於己身的生命意義與價值；「良知」之「良」並非決定於外在的社會標準，而是歸依於內在的「善性」，也就是孟子所言的「四端」。「格物」與「致知」的義理，王陽明以一體兩面的辯證方式解釋為：在事事物物上致力於依著良知而作正，在致力於事事物物作正的同時，又不斷地覺察內在的良知。不只是「格物」、「致知」，包括了「誠意」、「正心」、「修身」、「齊家」、「治國」、「平天下」等條目，王陽明反對自程朱百年以來「次第工夫」的傳統觀念，而以一體多面的辯證法賦予儒家「入德之門」的新生命。從「格物」到「平天下」是八個面向，從不同的路徑通往「道」的本體，不管從哪個面向皆與其他的面向相對應。翁開誠老師在講解時，曾舉一枝有八面的鉛筆為例，以圖像化的方式強調「心學」不以次第性的工夫，而是從各個層面修習君子之道。

王陽明將「致知」解為「致良知」，其所本乃孟子所言：

> 「人之所不學而能者，其良能也；所不慮而知者，其良知也。
> 孩提之童，無不知愛其親者；及其長也，無不知敬其兄也。親親，
> 仁也；敬長，義也。無他，達之天下也。」（《孟子・盡心》）

承續孟子的心性觀點，「良知」是不慮而知，「良能」是不學而能。換言之，良知本來即是人的天性，而不是援外之理所建構而成。為學之道即是「擴充」（致）這本有俱足的性，擴充的工夫就是在「事上磨」，也就是「格物」。朱熹的「格物」是指世上萬事萬物的現象，也就是客觀存在之物，而王陽明的「格物」特指倫常生活中的人際之事，也就是倫理價值之判斷。他說：

> 「意之所在便是物。如意在於事親，即事親便是一物；意在於
> 事君，即事君便是一物；意在於仁民愛物，即仁民愛物便是一物；
> 意在於視聽言動，即視聽言動便是一物。所以某說無心外之理，無
> 心外之物。」（《傳習錄》）

「意之所在便是物」，外在的事物是與內在的心意相連，因此意若不誠，物必不格！因此，「誠意」是面對外在事物時，反求諸己的重要態度，而反求諸己又必在人倫日用中，所以王陽明特別強調「事上磨」的必要，他說：「人須在事上磨，方立得住，方能靜亦定，動亦定。」（《傳習錄》）。如同「致知」、「誠意」與「格物」亦是相互辯證而非次第之分，王陽明的說法是：

> 「是故不務於誠意，而徒以格物者，謂之支；不事於格物，而徒
> 以誠意者，謂之虛；支與虛，其於至善也遠矣！」（《傳習錄》）

但「誠意」的工夫仍須返回「良知」處,「良知」如同鏡子,照了鏡子才能覺知於自己是否意誠。王陽明對「誠意」的工夫有如下的說法:

> 「……指其主宰處言之謂之心,指心之發動處謂之意,指意之靈明處謂之知,指意之涉著處謂之物,只是一件。意未有懸空的,必著事物;故欲誠意,則隨意所在某事而格之,去其人欲,而歸於天理,則良知之在此事者無蔽,而得致矣!此便是誠意的功夫。」
> (《傳習錄》)

是人欲?還是天理?只有良知不被遮蔽時才能自覺,於是誠意的工夫必回落於致良知上。

從王陽明對《大學》入德工夫的創造性詮釋而論,即可明白「知」與「行」也並非兩件事,而是合一的整體。若「格物」是行,「致知」是知,「格物」與「致知」即是辯證性的結合為一體,而「誠意」與「正心」也必落在「知」與「行」之處而辯證性的結合在一起。按吳震對此的解說:

> 「由於意為心之發,故正心就須落在意上才可著力,此即是『誠意』;然而意非一般意義上的知覺意識,必有『知』為其主,故誠意又須落在致知上;然而致知不是懸空的致知,致知必落在『實事上格』;而所謂『實事』,實即『意之所在物』,故『誠意工夫實下手處在格物也』。」(吳震,2011,第87～88頁)

據此,「心之正」亦與「物之格」相繫,於是再回饋至本體——即是「良知」的心體。誠如王陽明所言:

> 「如今要正心,本體上何處用得工?必就心之發動處才可著力也。心之發動不能無不善,故須就此處著力,便是在誠意。……然

誠意之本又在於致知也。『人雖不知，而己所獨知』者，此正是吾
心良知處。」（《傳習錄》）

如上所言，「致良知」是王陽明本於孟子之學的創見，「良知」即是
「四端之心」。孟子說：

> 「惻隱之心，人皆有之；羞惡之心，人皆有之；恭敬之心，人
> 皆有之；是非之心，人皆有之。惻隱之心，仁也；羞惡之心，義
> 也；恭敬之心，禮也；是非之心，智也。仁義禮智，非由外鑠我
> 也，我固有之也。」（《孟子·告子》）

四端非由外鑠，而已存於我心。所以孟子也說：「學問之道無他，求其
放心而已矣」（《孟子·告子》），據此，「為己之學」並非窮究外在現象
世界之「理」，而是反求諸己於「心」。而此「人皆有之」的「心」，孟子
也以「良能」與「良知」解釋：「人之所不學而能者，其良能也；所不慮而
知者，其良知也」（《孟子·盡心》）。從孟子的先性良知出發，王陽明認
為：「然欲致其良知，亦豈影響恍惚而懸空無實之謂乎？是必實有其事矣。
故致知必在於格物」（《傳習錄》），自在俱足於內的良知之心，其開顯、擴
充必落於「事上磨」，而非懸空的在封閉中瞑思默想，或是在經典文獻的學術
象牙塔中推理討論。換言之，「事上磨」就是倫理生活的具體行動與實踐。

除了在「事上磨」的生活實踐，王陽明亦將「致知」的工夫落於「誠
意」，「誠意」即是回歸內在世界的反思與省察。他說：

> 「良知所知之善，雖誠欲好之矣，苟不即其意之所在之物而實
> 有以為之，則是物有未格，而好之之意猶為未誠也。良知所知之
> 惡，雖誠欲惡之矣，苟不即其意之所在之物而實有以去之，則是物
> 有未格，而惡之之意猶為未誠也。」（《傳習錄》）

　　所以，如果沒有以「誠意」反思內省於內在的世界，縱使良知已有好惡之辨，但還是很容易欺騙自我而蒙蔽良心。然而，若能以「誠」相待自己的心思意念，則可化為「格物」的生活實踐之動能：

> 「今焉於其良知所知之善者，即其意之所在之物而實為之，無
> 有乎不盡。於其良知所知之惡者，即其意之所在之物而實去之，無
> 有乎不盡，然後物無不格，而吾良知之所知者，無有虧缺障蔽，而
> 得以極其至矣。」（《傳習錄》）

　　王陽明反對以宋儒「窮物格理」為宗的內聖次第工夫論，而將孟子的心性之學，承陸九淵的「心外無理」之說，以循環式的有機性辯證觀，將儒門入德的工夫條目詮釋出新的生命契機。為了說服當時以「程朱」為主流的明儒們，王陽明反覆的說明給其弟子門人與問道之士，其「心學」與「理學」的異同：

> 「故曰物格而後知至，知至而後意誠，意誠而後心正，心正而
> 後身修。蓋其工夫條理，雖有先後次序之可言，而其體之惟一，實
> 無先後次序之可分。其條理工夫雖無先後次序之可分，而其用之惟
> 精，固有纖毫不可得而缺焉者，此格物誠正之說，所以闡堯舜之正
> 傳而為孔氏之心印也。」（《傳習錄》）

　　換言之，王陽明認為以工夫次序而分只是以「條理言之」，但在人倫實踐中，內聖的條目各個有其精微義理並且彼此相連成為一體，此體即是「心體」。其學生錢德洪依老師所傳所悟之道，歸納為「四句教」，此可說明「其體為一」而格致誠正的相互依歸：「無善無惡心之體，有善有惡意之動，知善知惡是良知，為善去惡是格物」（《傳習錄》）。從這四句箴言，我們可以確認「心學」對於人性的立場是以「心」為本體，此「心」是寂靜

不變的潛能主體。而「心」的發動在於「意」有所動，而意動反饋至「良知」即有善惡之辨，而為善去惡的生活行動則是具體的「內聖」實踐之路。

總體而論，儒家的心性之學即是「反求諸己」的從內聖而外王之自我修養工夫，用現代的語言來說，也就是從社會生活與人際關係的相處之道、自我成長，以及確定自己生涯方向與生命意義。從儒門而言，這「自我」不是「私我」，也不是「物我」，而是「天命之我」，也就是人性中善的潛能之充分發揮的「我」。成為這樣子的「我」即是「君子之道」，也是立志為「君子」的終身修行，也就是將人性潛能充分發揮的生涯路。這條路從孔子的「為仁由己」開始，孟子的「求其放心」為續的內聖之學，到了漢代之後而逐漸凋零。在政治紛亂、佛老盛行的年代中，宋代儒門又賦予了心性之學新氣象。他們從經典中創造性的詮釋出「內聖之道」更為完善的知識系統，其中最重要的經典除了《論語》及《孟子》之外，亦從《易傳》中建構出心性之學的形上基礎，以及從《禮記》中的《中庸》及《大學》裡發展出了工夫方法學，而被後世稱為「新儒家」。「新儒家」既是更新也是傳承，傳承了孔孟，又融入了佛老而發展成為「宋明理學」。當時朱熹以縝嚴的思維與治學的嚴謹而成為儒家道學的「集大成者」，但卻種下了瑣碎支離的學風，導致後世的因襲墨守及八股流弊的為學之風。直至明代中葉，王陽明才繼起陸九淵的心學思想，開啟了儒門的內部革新運動，打破套格形式化的知識系統，而注入自由化與個性化的解放思想。程朱與陸王共譜了「宋明理學」的「內聖」知識體系，從形上學到方法學，從知識探究到生活實踐，從外在現象到內在潛能的生命哲學。如此的生命哲學，如何能在現代社會中發揮豐富的心靈內涵、重拾生命意義、確定生涯價值的作用？心性之學如何充實助人工作的知識？內聖之道如何深化自我探索與成長的境界？「新儒家」思想如何能吸納心理諮商治療所關切的「心理困擾」，而更新再造成為現代人「治癒心靈」的良方？這些即是本書急欲探討與摸索的心性議題。

近十多年來，臺灣本土化心理學運動對於儒家思想與現代心理學知識的接軌，已有相當重要的見解。黃光國（2014）從科學哲學的知識，分析出儒

家所言的「盡己之道」，可做為含攝華人文化的療癒理論：

「為了要建立儒家倫理療癒的理論，我刻意以『批判實在論』（Critical Realism）的科學哲學作為基礎（Bhaskar, 1975），先建構有關於『自我』及『關係』的普世理論；然後以之作為參考架構，根據『分析二元論』（analytic dualism）的主張（Archer, 1995），將先秦儒家思想視為一種文化系統（cultural system），分析其內在結構，建立『含攝文化理論』（culture inclusive-theories），以說明儒家的文化型態學（morphostasis）。再以之作為基礎，檢視儒家思想在中國不同歷史階段以及東亞不同地區的文化衍生學（morphogenesis）。以這樣的理論作為基礎……提出了儒家倫理療癒的理論。」（黃光國，2014，第 38 頁）

在黃光國建構本土心理療癒的理論發展之前，余德慧亦曾將陸王的「心學」作為中國的「本我心理學」，而與西方的「自我心理學」相較，並認為以「心學」所強調的倫理性及超越性，實可「接枝」於本土心理學的發展（余德慧，2001）。他的說法為：

「當然，我們會懷疑，傳統心學對現代本土心理學到底有何啟發？我們認為，傳統心學既貧乏又豐滿，貧乏之處在於把本我拘禁於一個自我的天地，與社會的關聯相當不足，而豐盈之處又在於它積極開發人心，是個人難以規避的『安身立命』，一種終極的價值。將心學放在現代處境來看，並不是一個孤單的例子。……在美國，六十年代的發展心理學者，如 Lawrence Kohlberg、Erik Erikson 也都以個體未來發展的憧憬為標的。以 Erikson 為例，……講的是愛、希望、才質、目的、關懷，直到九十年代他才轉變為強調精神與靈魂的後現代宗教反思。」（余德慧，2001，第 296 頁）

　　余德慧（2001）進一步主張，心學對於本土心理學的貢獻是需要透過重新的詮釋與接枝，「並不是接下心學的要旨發揮，而是站在現代已有的知識，對著傳統心學有個歷史距離的詮釋，……」（第273頁），才能在中西二學中，「不卑不亢」地進行「異文融接」知識再建構的工夫。

　　余德慧認為，在儒家傳統思想中，特別是「心學」更合於與心理學接壤甚至補充，主要是它已從形上的論理說道中脫穎而實踐於日用生活中，尤其是明末時局的變遷，有機會生根於常民的世道人心。相應於現代西方心理學，余德慧以「本我心理學」之稱指涉「心學」中「心」的重要意涵，其所謂的「本我」，並非佛洛伊德（S. Freud）的「id」，而較接近於「人本心理學」的「self」，也有「超個人心理學」中的靈性意涵。簡言之，「本我」可謂「本真的我」，也就是人性的良知靈明，並且是充塞於天地宇宙的本體。他的說法是：

> 「自我與本我的區別，在心理學文獻裡相當混亂，但在中國心學卻非常清楚，主要的原因是中國心學幾乎不把自我當作重點，而將全部的精力放在本我上：心體，心即理；良知，良能，天理幾乎可以說是『存有』本身，所以心學的最高境界不是自我實現，而是『至樂』：將個體從有限的生存中解放到無限（馮友蘭，1992，第566頁）。『至樂』的典型就是『顏回樂處』，裡面沒有社會成就，也沒有潛能開發，而是生命境界。」（余德慧，2001，第284頁）

　　對於「自覺於本真的我」此一命題之治療性意義，我們可進一步參考由林安梧所闡釋的唐君毅觀點，其將「治療」視為「內力的併發與昇進」（相對於「外力的介入與操控」），並以「體驗式的詮釋」來說明自覺的治療內涵。林安梧的說法為：

> 「……『體驗式的詮釋』是以人的『主體』為核心的，而且肯

定這主體是通於道體，所謂『體驗』乃是『透過生活體驗感知所及而迴返於生命之自身』這樣的活動——及『驗之於體』。當其迴返於生命之自身，即使得其所涉及之生活感知體驗，各有所安，各復其位——即所謂『以體驗之』。……正因為唐氏真實的體驗到此紛紜攘攘的世界之上，尚有一純淨無染的理法世界，此理法世界實是此紛紜攘攘世界之所憑與判準。……他以為不論此理法世界或俗情世間都是人心之流注周浹一體而不可分的。不過人心或者順其習氣而成一俗情世間，或者一念自覺而顯理法世界罷了。」（林安梧，1996，第 120 頁）

所謂「順其習氣」之語，或許可以理解為順著自己的性子、脾氣、個性、習慣過日子，這也是日常生活中經常的反應性（或反射性）行為，我們皆如是；而當我們覺知：除了習性，還有一個「心靈主體」才是生命的依歸與判準。關於「自覺」，林安梧的闡釋是：

「唐氏於其著作中一再提及『自覺』的重要。惟其自覺才能超拔乎流俗，喚醒真實的生命，建立真正的自信。他認為這是一種『復歸於己』，同時又是『超昇一步』的工夫。依他看來，復歸於己的『己』即是『本心』、『道體』，它不是這現象俗情習氣而已，它是一超越的真心。由這真心所發才可能有一真實的人文世界，當然真心同時便在這人文世界陶養而成。」（林安梧，1996，第 121~122 頁）

林安梧言下之「體驗式的詮釋」，在乎的是「復歸於己」與「超昇一步」的工夫，而「己即是本心，也是道心」，這也就是「心即理」的立場。用余德慧（2001）之語即是：「以盡心盡性為基礎，發展出至今不絕的本我心理論述」（第 271 頁）。而翁開誠對「心即理」的探討則尋著李澤厚「文

化—心理」結構觀點的軌跡，此觀點的特色在於馬克斯思想與儒家之間的相互補充與批判，企圖開出「人類視角，中國眼光」的儒家新格局（翁開誠，2014）。從李澤厚對《中庸》所詮釋出的「度」之本體哲思，翁開誠領會出「道在日用倫常之情中」的義理，以做為「輔仁心理學」的諮商助人之道。他的說法是：

> 「這『情』有雙重的意思，是情感，也是情況或情境。『度情之謂道』，直接的說，就是人（個人或一群人）面對所處的情境有其主觀的情感心理，在這之間，若能持續以行動追尋著『度』，直接掌握分寸，恰到好處，在情感與情況之間，在主觀的目的性與客觀的規律性之間，實踐、開創出了自由而有意義的形式，也就是『美』的時候，這就掌握到『道』了。」（翁開誠，2014，第107頁）

綜上所述，致力於以科學哲學奠基於本土心理學的黃光國（2014），將「倫理關係」視為儒家式療癒的認識論；傳承於當代新儒家思想的林安梧（1996），以「體驗式的詮釋」闡釋了「復己」與「超昇」之人性內在超越。余德慧與翁開誠二位，則不約而同地提出「情為心體」之主張；前者以良知靈明心體的慈悲深情闡釋了「本我心理學」（余德慧，2001），後者則更加強調了「率性之情」與「情中之美」的「輔仁心理學」，以「度」的概念含攝了生命之美的體悟（以美啟真，以美顯善），而提升了諮商助人的美感意識（翁開誠，2011，2014）。在儒家思想療癒人心的這條古道上，已存著先進們持續踐行所播下的智慧，而成為沿途的座標，啟迪式的指引後學者隨道而上。儒家式的家族治療或許是古道中的一條幽徑，值得我們在羊腸蜿蜒、柳暗花明之處探尋，如何能從家庭倫理中自覺於人性之超越，從人間事中召喚慈情本體，並從情中體美，在美中感知天命之真與人性之善。

第二章　從薩提爾到心性之學

第一節　破局與立身的體證

　　原本是圖書管理學系畢業的我，到了碩士班才轉而攻讀助人專業（諮商輔導），期間讀了吳就君老師[2]翻譯的《家庭如何塑造人》（*Peoplemaking*），因而萌生了對「家族治療」的嚮往。爾後有機會跟著鄭玉英老師學習心理劇與薩提爾（V. Satir, 1916-1988）的「家庭重塑」。當時我們與一些同道花了不少心思吸收薩提爾的理論，並投入很多時間將整套工作模式實踐於臺灣在地家庭。1980 年代的臺灣正值經濟發展的榮景，雖然大多數人仍然不是很瞭解「心理諮商」這門專業，卻仍有不少人願意投入心靈成長與潛能開發的消費性活動中，也促使了「心理諮商」有機會上了商品化的櫥窗，成為小資族與中產階級們追求生涯與事業攀升必備之軟性課程，或是人生發展受挫時療傷養護的避風港口。在這樣的社會氛圍裡，我的專業信心也像是當時衝上萬點的股市不斷膨脹起來，認為憑著自身精於操作治療的技術就足以助人，而毫無意識投身於絡繹不絕的個案諮商、工作坊、演講等活動，這些反映的不單是受人肯定的專業能力，其實更是與整體市場經濟的消長息息相關。

　　「亢龍有悔」——發展過頭了就必倒退，這是我後來才能體會的道理。1990 年代，臺灣經濟開始泡沫化，被膨脹的自身也逐漸進入了「中年危機」。首先，開始感受到市場競爭的壓力，愈來愈多的「進口」商品帶給消費者更多與更優的選擇；其次，發覺長期工作的結果，使自己無意識地陷入

---

[2]　吳就君老師是推動臺灣家族治療專業發展的鼻祖之一，當時為臺灣師範大學衛生教育系教授。

被工具化的困境，每天不斷地操作技術而逐漸失去「人味」，宛如助人的機器；再加上疲憊不堪的身心已全無創造能量，開始焦慮於失去更多的生涯資本。於是身心發出了警訊，憂鬱的情緒使靈魂像是被放逐一般，完全找不到生活的重心。長達三年的時間我到處找出口，一面向外找方法，另一面卻也不得不重新回觀自己，並再次反思與尋道。沒想到這一段歷程成為「關鍵性」的轉折點，藉用《論語》上的話來說：「不憤不啟，不悱不發」（《論語‧述而》），對我而言，相當貼近[3]。

　　而所謂「關鍵性」的轉折點，即是自覺於「我」是關係中的存有，而自我療癒的契機，即在於日用倫常生活中修身的實踐（王行，2013）。這個體悟我認為可以呼應於黃光國（2014）所建構之「儒家倫理療癒」理論，他以孟子的名言：「故天將降大任於是人也，必先苦其心志，勞其筋骨，餓其體膚，空乏其身，行拂亂其所為，所以動心忍性，增益其所不能……」（《孟子‧告子》）詮釋海德格（M. Heidegger）存在哲學中的「本真存在」，而我也曾在身心疲憊之際反覆沉思此句，而發現「大任」就是學習自我成長，自我成長即是在倫理關係中學習「忠恕」之道。

　　透過困知勉行的生命過程，對於以儒家思想做為療癒的知識，我有了較深刻的體證。若從方法學的角度而言，我認為「體證」與「驗證」有些出入。驗證講究「驗」的客觀性與準確度，體證則重視「體」的主體實踐與領悟，而我是以後者的方法而感知，並將其整理出一套「由我」而注解的儒家療癒之道。「由我」並非囿限於自己經驗的表面現象，而是立基於「反求諸己」的反思及自覺的生命態度，這也是秉於儒學中所重視的「為己之學」之典範價值。古往今來的儒門中皆有諸多致力於此價值之士，無論在顛沛之際或平順之時，但求慎獨於此。王陽明所言：「省察是有事時存養，存養是無事時省察」（《傳習錄》），就是期勉弟子們的時刻「由我」之治學工夫。而當

---

[3]　這段身心俱疲而陷入焦慮沮喪的過程，在我的博士論文中有較多的脈絡性描述。讀者請參閱王行（2013）。

代儒者中的體證性學術佳例之一即是唐君毅的著作，尤其是「人生體驗續篇」與「病裡乾坤」。前者從戰亂變局中反思於「我」的生命價值，後者則在自身疾病裡反覆覺醒以求道的努力。逝於 1978 年的當代大師，在 1967 年時即因眼疾失明之慮所愁苦，在病榻上深刻地省察自己的生命，認真地實踐著「有事時存養」的工夫，並將省察之過程為文而述。他寫到：

> 「然凡此上述吾病目時談笑自若之態度，實皆貌似超脫，而別有虛矯慢易之情，隱約存于吾之心底；意謂此疾必可經醫治而霍然。……凡此存于隱約中之意念，實則吾之貌似超脫，而談笑自若之態度之憑仗，以為足恃，而不知其實不足恃者。以不足恃者為足恃，而高舉其心，故為超脫之言，即實出乎虛矯慢易之情也。」
> （唐君毅，1980，第 6 頁）

不癒之愁苦給了唐君毅「反求諸己」的機緣，而省察到超脫之心實為虛矯之情，並進一步地隨著靈明覺醒朝向自身的生命脈絡中，探究虛矯之情的根源處。他又提到：

> 「然吾之虛矯慢易之情之所根，其隱約存于吾之心者，尚有更深于此上所言者，此則初原於吾在少年時之願望、抱負，及若干突如其來之經驗。」（唐君毅，1980，第 7 頁）

在文中，這位當代哲學大師敘說了一些從小到大的豪情壯志，例如：

> 「……吾嘗一人讀書於三層樓上，樓有迴廊，可遠眺四野。一日吾讀理學宗傳至陸象山十餘歲時，即悟宇宙即吾心之理，當時即驚然生一憤悱之感，而不能自己。於吾十五歲之生日，吾更遙念先聖之德，更念吾於華夏文化之重光，當有已自任。遂有二詩，自述

吾志。……『泰山何崔巍，長江何浩蕩！鬱鬱中華民，文化藏光
芒』，最後結以『捨我其誰來，一揭此寶藏！』」（唐君毅，
1980，第 8 頁）

以及一些促發其悲天憫人的重要事件：

「吾父送吾乘船至北平讀書之一經驗。……吾初固不感於父子
相別之悲也。及至次晨，船之輪機轉動，與囤船相距漸遠，乃頓覺
一離別之悲。然當吾方動吾一人之悲之際，忽念古往今來，人間之
父子兄弟夫婦之同有此離別之悲者，不知凡幾，而吾一人之悲，即
頓化為悲此人間之有離別，更化為一無限之悲感；此心之淒動，益
不能自己，既自內出而生於吾心，亦若自天而降於己。」（唐君
毅，1980，第 9 頁）

唐君毅自覺這些「突如其來的經驗」，促使年少時執於「有命在天，必
遭天佑」的信念，而自認於「所遭遇之苦厄，應無不可解」。卻在晚年病苦
時，體悟到：

「而吾初不知其皆出於吾自負能超凡絕俗之傲慢心也。吾更不
知此傲慢心之正可與個人好勝、好名之私欲煩惱，互為因緣；而使
吾之心之發自天理者，終亦為濟我之私欲之資，乃使吾之煩惱亦重
於吾之同儕之上。然吾其時，則固不能自覺其故，而亦未知所以自
救之道也。」（唐君毅，1980，第 12 頁）

唐君毅在病苦時，仍持於「反求諸己」之學而覺察到：豪情壯志於正
道，悲天憫人於世間的超凡之心，亦可被私欲所執，而成為傲慢之心，終必
為虛矯之情所惑。並且在面對生死的焦慮中，仍不斷地致力於道的覺悟，而

體證到：

> 「人誠只見道而不見有生死，知生死皆在道上，則人在疾病患難中，而求生竟不得時，其死亦仍死在求生之道中。道固為永恆普遍，匪特忠孝仁義之道為永恆普遍，即人之求生之道，亦為永恆而普遍。人果只見此道之永恆而普遍，則其縱死在求生之道上，仍將念念在此求生之道之自永恆而普遍。此道，乃終於死期者。」（唐君毅，1980，第43頁）

透過「體證」而「悟道」，在方法上似乎是持續不斷的「進行式」工夫（發生於一生的過程），而非目標設定與結果檢驗的「完成式」表現（發生於階段性的得失），並且是隨著機緣，持著本心而發生於「可遇而不可求」之境，宛如神祕性的高峰體驗。藉由唐君毅說法：

> 「據我經驗，一些真實的真理、美境、善德與神聖莊嚴之宗教感情之呈露於我，確實有時覺得這些東西，是從天而降。忽而覺得自己之心扉開了，這世界原是如此永恆而堅貞之世界。但是這些經驗，都是可遇而不可求。剎那間或一點鐘不違仁的境界，我亦有過。於孟子所為惻隱之心，我亦有一點真實的體證。但是我之此境界，距『日月至焉』還遠，更莫說『回也其心三月不違仁』了。」（唐君毅編輯委員會，1991，第67頁）

「人皆可以為堯舜」這句儒門心法，將內聖之道從知識精英的理想解放為常民的自我期許，「體證」也成為日用倫常生活中時刻可修的課業。無論悲歡離合、生老病死，人世間的情苦操煩皆轉念為反求諸己的悟道機緣。於我，也正是在「體證」的進行式中而有些許領悟，並也曾化為文字作為持續前行的標記：

> 「我認為人生中總是在結構限制與主體自由的矛盾中打轉，我
> 曾以為學習適應環境即可交換到自由條件；我也曾認為增強對自己
> 價值感的信心，就可以得到成為自己的條件；我也曾經試著衝撞結
> 構，期望能得到更大一點的存在空間。直到生了場病，才發現過去
> 我所學的，以及我所有的可以在一瞬間潰堤。」（王行，2013，第
> 222頁）

　　生活的壓力、身體的病變，令我不知如何自處，原本穩定適應的心理狀
態已開始崩解。相應於儒家所言的「大破大立」，余德慧（2010）說：我們
的人生就是一個破局，必須在這破局裡才能明白人生要有目的。突如其來的
經驗導致我的破局，而也成為由破而立的機緣。處於破局中的我發覺自身的
尊嚴，為何如此容易被技術理性的流程所剝奪、絞碎？而陷入沮喪與焦慮的
深淵：

> 「又回到診療室等待號碼，然後坐在口罩醫生的面前，再被
> 『他者』的手指鑽入肛門，這次心中已無力掙扎，令我想起心理
> 學實驗中那條被電擊的狗。口罩醫生再次要求我做更進一步的檢
> 查——大腸X光，我以為可以免去被異物侵入的命運，然而直到
> 上了儀器台，才感受到這一回侵入肛門的似乎不是『物體』，而
> 是『氣體』，他們從我的肛門罐氣，吹漲了我的大腸……想用痛不
> 欲生來形容，仍感到不適切，離開醫院腦海一直浮現出小時候看
> 過市場中有人吹豬大腸的畫面。……我依然順服地使用藥物、定期
> 回診，在診療室門口等待著我的號碼，排隊坐在口罩醫生的面前。
> 過了半年症狀逐漸減輕，然而擔心復發的風險意識使我的壓力更
> 大，害怕突然又要再陷入：數字、等待、暴露、侵入的痛苦，以
> 及再一次的數字、再一次的等待、更多的暴露、更深的侵入、更
> 痛的苦難輪迴中。」（王行，2013，第224頁）

在徹底的從生病（sickness）落入疾病化（illness）的過程中，我為自己無力回到正常狀態而傷心。面對如同命運般的結構，自由與尊嚴竟只像口號般的空洞！疾病化的我，逐漸與人疏離而躲在憂鬱的洞穴中自憐自艾，直到某日見到稚齡兒子眼神中的期望，等待著我願意帶他走出這沉悶的屋子；直到某日見到妻子眼神中的失落，當關心再次被我拒絕；直到某日見到老母眼神中的茫然，當疏離已造成家人的深溝；直到九二一的天搖地動……我逐漸才覺醒到：被「疾病化」的主因並非生病，並非醫療體制與技術理性的流程，並非命運般的現實結構，這些既存的實然皆只是機緣。把自己與症狀緊緊地鎖扣在一起的主要原因，其實是自身與親人的斷裂、自己與生命的斷裂，因而疏離異化了人倫的情感，失去了存在的意義與尊嚴。換句話說，病苦的實然性牽動了終死的必然性，而引發了生存的焦慮感，使我一時無法確認人之為人的應然性──人倫的意義與生活的尊嚴。以下是我的體悟：

「當看到自己已在物性的必然消長中本能地掙扎與對抗，我很清楚的知道這並非我想要成就的生命質感，於是我應致力於撥開每一個意念，找回成為自己的生命尊嚴。逐漸發現藏在意念之後的『自己』是歷史情感的我，之所以害怕多變的未來，是因為走過多變的過去，並且在過去中積澱了我與人物之間的情感，這些情感成就了記憶，這些記憶成就了我之所以是我，我是在記憶中的存在，而非概念上的存有；我是在情感中的存有，而非個性上的存在；我是在歷史中的存在，而非物理中的存有。於是現『在』的我，即是在成就未來歷史中我的存在，我希望有何情感，有何記憶被積澱？而能成為未來的歷史，是以現在的生活實踐為出發，現在的所有瞬間即成為歷史，而『我』亦於焉而生。孔子望溪水而嘆：『逝者如斯，不捨晝夜！』後代的思想家認為這是聖人達到以美啟真的高度生命意境（李澤厚，2000）。在焦慮中覺知到『我』即是歷史情感後，哲人的體證給了我安慰的鼓勵，而對當下的親密關係特別珍

惜，於是我決定以現今的行動來奠基我應成為的我。」（王行，
2013，第 188 頁）

　　如上所述，當體認到生命的斷裂處，即需要靠歷史洄流中所繫存之人倫
情感，來縫合被切割與分解的「我」。於是，向死而生的人即必須在人間事
中面對命運結構的必然，包括了自己的個性、人際關係的慣性，甚至各種體
制中對人性的異化……，雖然結構的必然，不一定因我而變，但是「為仁由
己」，我仍然應該致力於在倫理關係中實踐「道德的自我」。

　　　「這道德的自我，即是超越人類學的自我，而去尋找與成就道
　　德的自我。這道德的自我並非由外而內的律令約束，而是『當下具
　　足，何思何慮』的自發與自主；也不是形式理性的推斷結果，而是
　　由仁而發的情感力量。」（王行，2013，第 225 頁）

　　如上所言，我對於儒家的療癒之道是靠「體證」而來，體證則是隨機緣
而生（破局）、持心體而識（立身）的工夫。這樣的路徑顯然與透過嚴密監
測與操作的「實證」方法，有很大的差別。相對於西方知識中所強調的「方
法論」，鑽研中國哲學思想的成中英曾提出「非方法論的方法論」之概念，
說明了中國哲學中關於「方法」的問題。他說：

　　　「在討論中國哲學中的方法問題，必須認清一個事實：『方
　　法』一概念在中國哲學中是隱然的存在，並未突顯為方法論的研
　　討。這是由於中國哲學自創始起即緊密結合本體經驗發言，故方法
　　只是追求就『已知』對象提供功夫而已。……若一定要說中國哲學
　　也有方法論，則必就中國哲學中的實然內容立言，中國哲學中的方
　　法問題也就是中國哲學中的知和行、體和用、主與客，以及種種對
　　偶合一的實現與配合的問題了。」（成中英，1991，第 249 頁）

成中英認為，中國哲學「方法論」的問題，應回到中國哲學的內涵中探究，而不能以西方知識體系作為分析架構。他認為，中國哲學中的方法意識在於認知到：

「萬物萬象萬事息息相關、相互轉化，其概念也可相互詮釋。先就息息相連之義言之，凡物均屬一體，故相互參與、相互依持，因之任何主體的變化可以導至客體及本體整體的相應變化，以成就一種新的平衡與和諧，而平衡與和諧也就成為『真實認知』或體證的一個標準。這裡所說的認知也不是單純的理性分析和批判，它也兼合主體整體性的感應活動，包含直覺和實踐。」（成中英，1991，第 265 頁）

如上所言，中國哲學的方法意識是將對立面的存在，統合為一整體的存有。據此，本體與方法也不可分離為二。按成中英的說法是：

「本體意識由主體內省，及對客體反思而來，客體為經驗之對象，主體則為主客對立經驗所引發，再導出此一經驗的反省。即使主體，客體、方法都可以架構對立起來，但此兩項均未絕對分離，故仍不發生需要獨立的理性方法，以求認知本體的問題，亦即知識論的問題並未發生。認知也就成為一種自然經驗，自我深化以求提升和完善的一種動態性的心性修持過程。而非一個邏輯分析、語言分析和概念分析的知識過程，這也就是『非方法論的方法論』之精義所在。」（成中英，1991，第 266 頁）

簡言之，儒家思想的心性之學，不可以主客二元對立性的方法，分析驗證其「效果」之存在，而是透過客體內省主體，經由主體反思客體；透過實踐內省心性，經由心性反思實踐，這也就是「體證」的工夫。黃光國在一篇

以「人能弘道，道通為一」為名的文章中，從知識論的角度闡釋西方科學典範中的「實證主義」，實難涵蓋與統攝知識建構的各種型態（黃光國，1998）。他的說法是：

> 「首先，我們必須認識『人』在整個科學活動過程中所扮演的積極角色，肯定『人』在科學活動過程中的『弘道』功能，不宜抱持素樸實證主義的世界觀，以為科學活動就是要『真切而且全面地』描述本土社會中的種種生活現象。」（黃光國，1998，第 378 頁）

換言之，科學活動也是透過「人」的認識、理解與詮釋而發生，而在認識、理解與詮釋中的「人」即是「我」，我感、我知、我說與我在的活動。借用翁開誠的說法：「尋找適切於自己有意味的形式表達出來」（翁開誠，2011，第 75 頁），如此強調主體性的感知與實踐的方法學，翁開誠認為這是在諮商與心理治療的實務與研究處於分裂之途中再趨於統合之道。雖然我對於儒家療癒的體悟，尚難以科學哲學的視野，建構成形於抽象性概念化的義理論述，但是所有的體會確實由「我」而生：源發於自身困頓，參照於經典文獻，實踐於日用生活，感通於人際倫理，反思於己，參贊於生，並期勉於安然在死。

第二節　中西二學

成中英（1991）為文論證：東方哲學並非未發生所謂的「知識論」，更無法以西方知識方法論的架構找到合理性，但卻無損於其內涵中的智慧精義。雖然如此，東方知識並不能自絕於世界體系之外，獨樹一格地孤芳自賞。事實上，持續與西方知識對話、論辯、接壤的學術工程，是近年來「本土心理學」發展的努力方向。上文曾引的黃光國（1998）以西方科學哲學之視野，

從科學典範之分而論及本土心理學的意涵與價值，其為文的背景即發生在「本土心理學」的運動中，面對以西方科學的主流知識——邏輯實證論為宗者的質疑，而所做出的論辯性回應。其實，類似的質疑與論辯，在百餘年前的中國社會飽受帝國殖民主義入侵之際，而產生民族文化與心理上巨大打擊與衝突時，已在知識分子中不斷的發生。當時的知識分子們一面吸納外來知識，另一面反思與批判傳統哲思，並且形成不同意見的學術社群，而時有爭辯。「民民物物，各爭有以自存，其始也種與種爭，群與群爭，弱者常為強肉，愚者常為智役」（溫洽溢譯，2001，第 390 頁），這段話取自嚴復對達爾文思想的總結。1859 年，達爾文（C. R. Darwin）在英國出版了《物種源始》（*The Origin of Species*）一書；1873 年，社會學家斯賓塞（H. Spencer）將其應用於人類社會發展的研究，創造出「最適者生存」的概念，而被稱之為「社會達爾文主義」；1895 年，甲午戰爭改變了中國人的世界觀，開始逐漸自覺於活在落伍的文明中；1896 年，傑出的「留洋生」嚴復翻譯了赫胥黎（T. H. Huxley）的《演化論與倫理學》（*Evolution and Ethics*）一書，並加註詮釋與評論而更名為《天演論》，此書一出版即引起清末民初知識界的巨浪，從此「向西方看齊」是百年來華人社會文明發展的主要路徑；1912 年，「科學與玄學」之論戰，象徵著中國傳統知識的命運——從廟堂之上走入邊陲一隅；1919 年，五四運動爆發，它不只代表了翻新中國走入現代的國族需求，亦是發動了一場反孔批儒、打倒封建思想的文化革命。在這大地震的期間，仍有許多飽讀經學但虛心接受西方文明、持續努力中西對話的知識分子，像是王國維所說的：「中西二學，盛則俱盛，衰則俱衰。」但是，「西潮」似乎已成時代巨流直到「全球化」的今朝。從近代殖民歷史脈絡而言，「本土心理學」似乎也延續了百年的對話與論辯，並進一步的反思已成為主流的西方知識，而再重新吸納東方哲思，這「進一步」對於解殖而言，深具「後殖民」式的主體性意義。

　　對於戰後出身於臺灣的我們，似乎已完全沒有百餘年前的「被殖」矛盾，而全盤地接受「西方知識即是先進知識」的概念，理所當然地努力跨越

語言障礙與文化隔閡，以便和西方（尤其是美英）接軌，而象徵傳統的儒家思想即落入現代知識的邊陲。如我這般在升學主義下受教育的戰後嬰兒潮世代，對《論語》、《孟子》沒有好感已是很普遍的現象。尤其是一心追求現代化，而認同於歐美知識即是進步思想的知識分子們，不屑於這些傳統不科學的知識，更是常見。杜維明（1996）認為，自五四運動之後，一百年來華人的知識圈已形成了對儒家思想嚴厲批判的傳統。中國大陸 1960 年代在政治上的大肆批孔是正面的反儒，而臺灣的執政者表面上倡導孔孟道統，其實是加速了儒家思想內部的腐化，而積極地朝西方知識開放、吸收與應用於華人生活中，則成為「現代化社會工程」的努力目標。

　　雖然大家都知道中國文化傳統很重視「家庭」，但是助人改善家庭關係的專業知識——「家族治療」，也如同臺灣所有的現代文明知識，多從西方進口而來。從 1970 年代起，前輩們依舊如百年前中國的知識分子，紛紛透過出國進修、翻譯著作、組讀書會、同儕演練與督導、小型講習和工作坊等形式，將各種助人專業知識引入臺灣，而「家族治療」亦是其中之一。1983年，薩提爾親自到了這塊太平洋的小島，帶領了一次示範性的工作坊，從此她的名聲在臺灣幾乎等於就是家族治療的代稱。薩提爾對臺灣助人專業發展的影響，好比 1920 年代羅素（B. A. W. Russell）到中國所引發的「西潮效應」！吳就君老師，作為臺灣家族治療的開拓者之一，回憶著當時集結臺港專業菁英齊聚一堂的盛況：

> 「薩提爾終於來到臺灣，帶領五日工作坊。陽明山的二月落著綿綿細雨和驅之不散的寒意，薩提爾卻絲毫不在意天氣，她全然地和我們在一起。我們一群來自臺灣和香港的朋友，包括社會工作者、精神科醫師、臨床心理師、教育諮詢者、牧師、神父、教育行政者等各行各業的專業同好。薩提爾運用『經驗學習法』讓我們體會家庭動力與家庭系統的概念，並在當下觸發個人的行為、情感、態度的覺察。」（吳就君，2012，第 25 頁）

　　吳就君老師所說的「各行各業的專業同好」，在二十年後許多已成為其專業領域的佼佼者或領導人。

　　總體而言，「家族治療」是跨醫療、社會與人文的應用性助人知識。在相關的教科書上，多認為其在上世紀中葉受到「系統理論」的影響，而將外在環境因素納入心理病理的促發條件。簡言之，精神疾病與心理困擾或行為偏差的發生與其所處的家庭息息相關。在家庭中，個體之間所產生的交互影響力被稱之為「家庭動力」，其對個體具有極大地牽引作用，而決定了個體的情緒反應、行為模式，甚至是個性條件。大多數的家族治療師相信，若「家庭動力」不改變，個人的改變是難以持久。因此，當家中有一個人發生精神或心理疾病時，以全家人共同接受治療為佳，此種理念被許多持系統理論觀點的治療師所接受，「家族治療」之稱即是源於此。

　　1970 年代後，隨著助人專業各派發展的更迭，家族治療亦有不同取向紛出，以人本主義著稱之薩提爾，漸漸以「家庭重塑」（Family Reconstruction）為名的團體治療，取代了全家人齊聚一堂式的傳統家庭會談，其中重要的治療關鍵在於轉化個人對家庭經驗的理解，而將強調以外在關係變革的家族治療轉向內在自我的改變。我 30 歲（也是兒子出生那一年），在鄭玉英老師的鼓勵下，開始接觸「家庭重塑」。當時王輔天老師[4]是臺灣少數直接受教於薩提爾學習「家庭重塑」的助人工作者，他爽快地應許為我進行個人的「家庭重塑」，爾後我就跟隨著鄭老師邊做邊學地帶領類似的成長活動。從這些經歷中，我所領會到的「家庭重塑」，其核心理念是透過個人的改變來調整環境，鼓勵個人自覺於被既定結構的壓迫處境，並學習個別式的解放之道。這種具有西方個人自由主義色彩之人本精神，呼應了當時臺灣社會脈動的氣氛。1980 年代後，社會改革聲浪四起，臺灣人似乎想要快速的退去威權時代的包袱：政治解嚴、野百合運動、教育改革、教官退出校園等。在這樣的社會氛圍內，在會談室或工作坊中，探討個人被家庭歷史中的威權意識

---

[4]　王輔天老師是外籍神父，長年在臺灣新竹的社會福利機構服務。

壓迫，進行個人心理的「解嚴」，似乎比投身於社會運動與體制衝撞更實惠些，而容易被類似上班族、公教族、小資族等民眾所接受。

第三節　一致性溝通與儒家心法

接近十五年的光景，我投入於學習與實踐薩提爾的理論與工作方法，並從中建構了屬於自己的助人信念與價值立場，包括如下幾項（王行，2002）：

1. 雖然不同族群的歷史發展，形塑了不同的文化生活，而影響了人的經驗內涵，但是人性深處有普同性的基礎。在此基礎中，心理諮商的理念與方法在本質上是可以跨越文化隔閡，只需要在語言與操作方法上做些調整，即可適合不同的族群對象。
2. 愛與尊重、表達與溝通的價值，是普世的人性價值，而助人工作的目的，即是對這些價值的肯定與推展，促使不同性別、世代、文化與社會政經階級中的人，朝向這種人性價值的實踐而努力成長。
3. 家庭關係的結構經常會對個體發展產生壓迫。在家庭中，複雜的人際動力即會產生、延續，甚至代代複製這種壓迫，而造成個人長期性地扭曲和痛苦。
4. 若要擺脫結構性的壓迫，痛苦的個人即需進行治療性或成長性的改變，重新理解愛與尊重的概念，以及學習新的表達與溝通之道。而這些新的概念與方法就是依據薩提爾對人性的價值觀，由治療師們傳授與教導給案主。
5. 改變的開始來自於個人的自覺，自覺於家庭關係對個人的自我價值感（self-esteem）產生很強的影響。在低自我價值感狀態中，個人會以防衛性的方式與人接觸溝通，而產生自我疏離感與人際衝突的現象。
6. 心理諮商的首要任務即是提升案主內在的自我價值感，藉由高自尊的力量促發改變的意願，而學習新的與人接觸之道，也就是「一致性溝通」。其內涵包括了：察覺並表達自我內在的情感、同理對方的心理

感受，並理性的尋求問題解決之道。

7. 「一致性溝通」即是通往個人成長之路。透過練習，從具體的外在行動內化為心理態度與生命價值觀。

「一致性溝通」是上述理念中最重要的治療概念。薩提爾認為，溝通不只是訊息的交換模式，更是主體面對壓力時的因應之道，它能反映出主體內在的自我價值感。當面對壓力時，自我價值感即受到威脅，即會反應出指責、討好、超理智與打岔等四種溝通方式，並且逐漸習慣而發展成為固定的模式（王行，2002）。經過多年的實作，我已不能認同以簡單的分類法處理複雜心理狀態，及其所反映於外的行為與語言現象，但是仍然肯定薩提爾與其他操弄辭令的「溝通專家」大不相同。她不只將溝通視為表達方式，更強調「自我覺察」之道來改善溝通之法，鼓勵以「一致性」的溝通方式與他人接觸，而不是以修辭的技術來操縱或控制他人。被譯為「一致性」（congruence）的溝通方式，我所體會到的意義，在於覺察自我內在心理歷程的狀態，如感受、思考、欲望、情緒，甚至自我防衛等，並且以「我訊息」（I messages）的語句形式表達給他者。所謂「我訊息」，即是以表達主體經驗的訊息來取代指向他者的語氣，例如：以「我很難過於不受到重視的感覺！」取代「你根本就不重視我！」，這種溝通的方式是一種心態的轉換，將指向他人的手，轉為摸著自己的心。「congruence」也可以中文的「表裡如一」解讀，也就是說真心話的勇氣。雖然很多人視溝通為改變他者的工具，但是溝通之本在於理解。薩提爾認為，「一致性溝通」不僅可以使他人理解自己，也能幫助自己覺察自己，甚至提升忠於自我的價值勇氣。換言之，薩提爾將人際溝通從工具性的技術層次提升到人性主體的價值高度。其主要內涵即是覺察於自我的狀態，同時傾聽和體會他人的感受，再參照事件的脈絡與情境，將這三方面的訊息以言語表達於外，以助於澄清、理解、討論以及協商共事。

然而，若跳脫於日常生活場域的鍛鍊，而僅集中在短期性的改變方案（例如：工作坊、諮商小團體）中的操演，「一致性溝通」則易掉入工具理性的陷阱中，而變成語言修辭的技術，例如：我在帶領家庭會談與團體工作

坊當中，常會引導學員們以結構化的流程方式進行練習：先分析自己所聽與所見的訊息，再覺察於內在的想法與感受，接下來則猜測、體會對方的狀態或感受，最後才補充對問題或事件的目前狀況。這樣的工作做久了之後也內化到自己的生活中，學會更細緻化的修辭，以避免對方有所誤解，同時也減輕了衝突發生的機率。於是，「一致性溝通」變得像是「溝通技巧」，使用更精準的修辭、避免使用容易使對方誤解或不愉快的字眼、重視層次分明的前後語句表達順序等等的講究，無形中也漸漸地將「一致性」給公式化。這種被公式化的「溝通技巧」，雖然在專業工作中有得到學員們的好評，但是在我自己的家庭生活中，無論父母、配偶與孩子都不太喜歡我這種說話的方式，覺得「好像是在會談」！《論語》上說：「文勝質則史」（《論語‧雍也》），這句話用在此相當有啟示性，若缺乏「真誠」，被技巧化與公式化的溝通方式，總變得矯揉造作，像是八股文章般缺乏生命感。

如同羅吉斯（C. Rogers）的「同理心」，薩提爾的「一致性溝通」也是在助人工作的實踐智慧中體會到主體價值之高度，而成就其在人本主義思想上的貢獻。然而，在知識經濟起飛的高度資本化時代中，為了有效率地訓練更多的實務者，而產生了模式化的學習方案，以因應於制式生產的市場需求，但卻易陷於標準化的學習技巧，而折損了主體價值的意義。這樣的弊端現象，若套用社會學家吉登斯（A. Giddens）（趙旭東、方文譯，2002）對於隨著現代性社會資本化發展而日益蓬勃的心理治療專業的評價：疾病與康復之間的花言巧語，似乎也不為過！吉登斯的批判提醒我們，在高度發展的後工業國家中，不可忽視其市場性格對於知識建構具有決定性的條件（王行，2006）。然而問題是：如果不透過模式化的訓練，我們如何培育諮商與助人工作者？

我個人認為，除非相信大師們所言的「同理心」或「一致性溝通」等助人工作的重要條件，並非透過制式訓練由外而內所造就的能力，而是與生俱來的由內而外的自發潛力，才能避免陷入工具性價值的異化。在此信念下，助人工作的訓練即是提供其發展此種潛能的環境，而助人工作的目的也是如

此這般地協助那些被我們稱為「當事人」的他者。人性中即有超越受經驗制約限制的潛在能力，而能成就終極性的存在意義，這也正是人本主義的核心價值。此種積極正向的人性觀也可與儒家思想相通，依據孟子的說法：「人之所以異於禽獸者幾希，庶民去之，君子存之」（《孟子・離婁》），即說明人有超越物性限制（如生理條件限制、經驗條件限制、環境條件限制等）的潛能，而這種潛能就是人之所以為人的意義與價值。而此「不待慮而知，不待學而能」（《大學問》）的人性潛能中，亦有涵蓋類似「一致性溝通」的自我成長能力，而不須外求於特殊化的模式訓練，即可自發於外在日用生活中嗎？在浩瀚的儒家典籍中，起碼《中庸》就在論證說明我們每一個人皆有此種超越性的能力，而成為「君子」這種充分自覺與自我實踐的生命成熟狀態：

> 「近年來我對儒家究竟怎樣融入現代中國人的生活之中的問題曾反覆思索。我所得到的基本看法是儒家的現代出路在於日常人生化。」（余英時，2010a，第 196 頁）

當代史學名家的看法，對於助人工作而言也是鼓勵。但是，兩千多年所積累的龐然哲思，如何有系統地踐行於紛雜的日用生活，而不致於淪為口號與教條？無疑是我們助人工作者的時代性挑戰。

上述提及的《中庸》為「四書」之一，並被視為「儒家心法」而成為「修身」工夫的綱領。若用現代的語言來說，《中庸》就是一本自我成長與實現自我的自助方法書（self-help book）。這部經典談到許多關於「誠」的概念，似乎與「一致性」有相應之處，甚至將其放置於本體論的境界：

> 「唯天下至誠，為能盡其性；能盡其性，則能盡人之性；能盡人之性，則能盡物之性；能盡物之性，則可以贊天地之化育；能贊天地之化育，則可以與天地參矣。」（《中庸》）

　　此句以「誠」貫穿於人性、物性、天地化育之性，承自於《中庸》開首之言：「天命之謂性，率性之謂道，修道之謂教」的綱領。明白的指出天、人與萬物的同體相通之可能在於有「誠」作為先決條件。牟宗三（1983）認為，儒家思想是「道德的形上學」，「誠」不只是倫理條件，也是認識條件，甚至是存在條件。《中庸》有言：「不誠無物」，儒家思想之「誠」亦有「真」之意，沒有了它一切都是假的。然而，此「真」並非現象界之「真」，也不僅止於將心理歷程（如：情緒、想法、感受等體驗）不假修飾隱藏地表達於外的「一致性」，《中庸》所論及的「誠」是面對道德本體的真，同時也包含了將此道德本體表現於外的「一致性」，也就是「誠於中，形於外」（《中庸》）的意思，而可相應於薩提爾所提出的「一致性溝通」。若進一步地細說，儒家思想所提出的「誠」，更強調個人與其自身內在的道德主體之間的溝通所生成的價值性意義，這價值性的目的即是「道」。《中庸》的說法是：「誠者，天之道也；誠之者，人之道也」，顯然地，「誠」即是目的，而成就此目的就是做人的目的。由於人是活在環境結構的限制中，在家庭關係及其動力影響下，個人常是被制約地活在機械式反應的慣性中，並以此為自然，甚至以為這即是自由，殊不知被習性與個性控制已是更深層的不自由。儒家思想所提出的超越之道，即是回復於本真的天性，這天性並非是指自然之物性，而是指道德主體的人性；也唯有以回復此性，才能超越種種物性之限制而得到自由。

　　我們經年累月在家庭動力中所形成的溝通模式，已內化而成為慣性的結構，限制了對外在訊息的接收、理解與反應，而成為機械性的不自由，所以薩提爾提出自覺於內、外顯於外的「一致性溝通」，以作為突破慣性溝通困境之道。而《中庸》在方法上則提出了「誠」的工夫，不只以「誠」向外界溝通，更要與自身的道德主體親近接觸。這種溝通並非只是將內在心理現象表達於外而已，更是誠懇地面對自己的道德主體，也就是發覺自己的良知，真實地面對自己的良知。當誠於面對內在良知，也就更明於所處的外在表象。「自誠明，謂之性；自明誠，謂之教。誠則明矣，明則誠矣」（《中庸》）。

儒家思想期勉我們以「誠」將自身修正，使自己超越慣性結構的限制，而成為自由之人。這種自由是成就生命價值的自由，這自由的自身即能不偏頗地接觸外界，不偏見地理解他物，並且不偏心地成就他人。從家庭關係而言，與家人的溝通之道即是「成己成物」的道德實踐：

> 「誠者自成也，而道自道也。誠者物之終始，不誠無物。是故君子誠之為貴。誠者非自成而已矣，所以成物也。成己，仁也；成物，知也。性之德也，合外內之道也，故時措之宜也。」（《中庸》）

《中庸》所提及的「誠」不只是說出真心話的勇氣，也不只是覺察內在心理經驗，更非公式化的溝通方法，而是「修養」上的工夫。修一己之身而能超越生理環境與後天經驗的限制與束縛，而與「天命之謂性」之「天性」相通，並以此「天性」能落實於生命中，此即是成己之性。「成己」之「己」並非個體性的存在，而是對偶性的存在，換句話說，也就是「在關係中的自己」，覺察內在的自我，體會外在的他人。這由內推外、由外反內的體察也就是「仁」，也可用「同理心」與「互為主體」來理解（翁開誠，2006）。在修養上能「仁」即是「成己」，而「成己」與「成物」也是對偶性的，「成物」之「物」即是事事物物、萬事萬物，也就是存有之物在誠中成其所是，這即是成物之性。

在這種成己成物的志向下，「一致性」是擇善固執，而非工具性的利益判斷；溝通也不只是影響外在的社會行動，而是誠於良知、明於事理的道德行動。從儒家的修身工夫而言，這種道德行動即是「庶民去之，君子存之」的抉擇後果，也就是「吾善養吾浩然之氣」的價值實踐，更是儒家所言的「存養工夫」。以此精神補充於「家族治療」，「一致性溝通」即是奠基於「真誠一致」的「存養工夫」。此工夫並非是在會談室內或工作坊中的學習活動，而是在日常生活的人倫瑣事中自覺、反省與實踐之活動。用王陽明的話來說，

就是：「省察是無事時存養，存養是有事時省察」（《傳習錄》）。簡言
之，「一致性溝通」是日常生活中的修養，而不只是諮商治療中片面性的成
長活動，並且不一定需要專家透過模式化的引導與訓練，只須「反身而誠」
的主體意願與踐行的意志即可，誠如孔子所言：「我欲仁，斯仁至矣」
（《論語‧述而》）。

第四節　為己之學

　　對於覺醒於生命價值而追求自我成長的人而言，《中庸》中的「誠」是
生命的志向，並時刻積累於生活體驗，從中沁潤考驗而生成的實踐內涵，於
是它不是來自外在習得的方法技術，更不能以公式化的方式操作而成，而必
須在日常的活動中找到人我之際的生命共在之和諧。當代思想史學家徐復觀
認為，這種生命共在的和諧即是所謂的「中和」，它也是儒家思想為全人類
文明出路所提出的貢獻。他的看法是：

　　　「……首先，儒家思想以道德為中心；而《中庸》指出了道德
的內在而超越的性格，因而確定了道德的基礎。……《中庸》說的
『率性之謂道』，乃指出道即係每人的內在地性；有是人，必有是
性；有是性，必有是道。所以下面接著說『道也者，不可須臾離
也，可離非道也』……。然若僅指出道德之內在性，固可顯見道與
各個人之必然關係，但不能顯見於人與人，及人與物之共同關係。
人我及人物之共同關係不顯，則性僅能成為孤明自照，或僅成為一
生理之存在，而道德之普遍性不能成立，於是所謂道德之必然性，
亦成為無意義的東西。所以《中庸》在『率性之謂道』的上面，要
追溯出一個『天命之謂性』。天的本身即是普遍的具體化；因此，
由天所命之性，也是人我及人物所共有，而成為具體的普遍。作為
道德根源之性，既係內在於每一個人的生命之中，而有其主宰性，

有其必然性；而同時又超越於個人生命之上，而有其共同性，有其
普遍性。……在此一內在而超越的文化中，一個人的生理與理性合
為一體；流到外面的作用上去，個體與群體同時得到和諧。《中庸》
所謂『中和』，即指的是這種內在與超越合一的『性』。內在所以
『成己』，外在所以『成物』。內在與超越非二物，即成己與成物
非二事。則兩者自然得到和諧。」（徐復觀，1993，第78～80頁）

　　上文提及儒家思想中的「己」是關係中的己，但其與西方心理學的
「self」並不相同，並且與看似接近的「relational self」仍有差異。在助人專
業領域中，我們常幫助案主探索自我、瞭解自我，也會鼓勵案主覺察自我、
接納自我、活出自我等。而被翻譯為自我的「self」通常是指一種心理意識的
狀態，也就是對自己整體的觀感、認定與評價等認知、情感與態度的心理狀
態。在薩提爾的理論中，則更重視於提高個體的「自我價值感」（self-es-
teem）。總體而言，「self」即是對自身存在狀態的指涉，包含了：功能的
（知情行意）、結構的（性格）、角色身分的（認同）、價值判斷的（自我
價值感）等諸面向。心理諮商這類的助人工作經常是在對案主的「自我」進
行「微調」的過程，將這些面向調整到最適應現實生活，或是減低產生困擾
的狀態，若更積極些，即是調整到最能發揮潛力的狀態。

　　而儒家思想中的「己」或「我」與西方知識中的「self」則有些出入。
《論語》上說：「古之學者為己，今之學者為人」（《論語・憲問》），如
果把此文中的「己」理解為西方知識中的「self」就很難通，而會誤會儒家鼓
勵為了個體的成長利益而學習，於是也就更難於領悟孟子所言：「萬物皆備
於我矣」（《孟子・盡心》）這句話的精髓所在。據杜維明的看法，儒家的
「為己之學」確實也有「認識自己」的含意：「一個未中而內省的弓箭手，
則實踐了儒家的關切，即內在地認識自己是在外部世界中正確行為的前提」
（杜維明，1997，第58頁）；然而，這個「己」不只是對自己心理狀態的整
體認知而已，更是「內省的自我」而具深厚的道德意涵，他的闡釋是：

　　「儒家的『學』的一個最引人入勝的洞見是，學習做人必通過為己之學，這裡所說的己不是一般的作為類概念的自我，而是作為此時此地體驗著和反思著的個人的我自己⋯⋯。然而，讓我深部的那個私我去接受另一個人的心智的那種心理分析程序，卻不是儒家傳統的一部分。儒家的修身預先假定，值得教化的自我絕不是個人的私有物，而是構成共同人性之基礎的可供分享的經驗。⋯⋯顯然，經過修養的自我絕不是唯恐外部入侵的私人財產。唯恐在社會的種種要求中被淹沒的自我，是儒家所說的『私』（隱私化的自我、小我、作為封閉系統的自我）。相反的，真我是充滿社會公共精神的『大我』（此處『大我』一語出自《孟子》），是一個開放系統的自我。作為一個開放系統，自我——在這個詞的真實意義上——是不斷擴展，而且對世界採取一種歡迎接受的姿態。」（杜維明，1997，第59～60頁）。

　　儒家思想中的「己」是上通於天、下基於地、旁通於人倫的「大我」，換言之，是天地人所成就整體關係中的主體意識與價值經驗。所以「為己之學」即是成就這樣的自己，而非單位化、個體化或個性化的自己。余英時有以下更精簡的說明：

　　「這個觀點要求把『人』當作一個有理性也有感性的、有意志也有欲望的生命整體來看待。整體的自我一方面通向宇宙，與天地萬物為一體；另一方面則通向人間世界，成就人倫秩序。」（余英時，2007，第51頁）

　　顯然地，儒家思想中對「人」的指涉非同於西方心理學中的經驗歷程與動力功能，更是在倫理關係中的整體存在之意識與實踐；而「我」也不是受到身心條件與環境經驗影響而形塑的個性、態度、行為習慣的組合，或對自

身整體的意識與觀感。儒家思想是「以大為我」，這個「大」不是在數量上的集體性之大，而是超越個體性、超越私自性、超越物我之別的大，也就是以天地相通、萬物一體之大。這「大我」的存有即是人的主體，也是道德的主體，更是生命的主體。而「以大為我」即是努力於成為這樣的大我，才是成就人的生命意義。顯然地，這樣的「我」即是充滿靈性的精神存有。在西方的心理治療知識中也有一些理論派別很強調人的「靈性」，著名的分析心理學家榮格（C. G. Jung, 1875-1961）即是此中的翹楚，他與佛洛伊德分裂之因就是對於「靈性」的堅持，在心理治療界這已是廣為人知的史料。而家族治療大師薩提爾也對靈性潛能相當重視，在其著名的冰山理論中，即標記出人性內在的深層潛能即是靈性，並且是與宇宙相通相融的超越性力量（林沈明瑩、陳登義、楊蓓譯，1998）。

　　然而，依據史學家余英時（1984）的觀點，西方哲思與中國哲思對於靈性的觀點是有很大的出入，其中最主要在於「外在超越」與「內向超越」之分。自古希臘及基督文化以來，西方世界的靈性哲思即奠基於外在的精神實體，在現實生活中的人須藉由對「精神實體」的追求，才能超越限制而接近絕對的存有。然而，儒家思想並不拘泥於精神實體為靈性主體的存有，依據《易經》的天人觀，實與虛、天與人、陰與陽皆是相互化成，特別是心學中所強調的「心即理」，則認為靈性主體並非隱存於外而是深藏於心。若從「外在超越」論及「靈性」，人有潛能追求存於宇宙之上的精神實體，甚至人有渴求超越自己而接近更大的精神力量之源。但是從「內向超越」而言，人即是靈性主體，不須外求即能超越物性之我，而與天地融為一體。我們實難確定薩提爾的靈性觀是偏「外在超越」還是「內向超越」，但是「內向超越」確實更重視「人」的本質條件，且也更具「人文」意涵。「成為自己」的意思不是順著個性與環境條件而長的自己，而是超越個性與環境條件而成為靈性的人。進一步而言，「內向超越」所開顯的靈性，不只是與萬物相應、鬼神相通的神祕能量，而更是與天地相合的德性。所謂的德性即是道德主體，牟宗三（1983）以「道德的形上學」指稱，儒家思想中視道德為生命

主體的本體思想。換句話說，靈性即是內存於人心而自發於外的道德生命。「仁也者，人也。合而言之，道也」（《孟子・盡心》），此道德本體也就是「仁」與「人」的相合。「仁」即是生命開展的種子能量，「仁」亦是在關係中的惻隱感通，「仁」更是盡己之忠與及人之恕的生活實踐。以「仁」作為道德的核心，就不是死守的規範，而是活潑的生命；也不是外制的律令，而是自發的價值；更不只是理性的推理判斷，而更是以情為基礎的實踐行動。一個在生活中基於自發性的道德情感而實踐忠恕之道的主體，即是儒家認為的「成為一個人」。

如前所述，薩提爾的「靈性渴求」、「一致性溝通」與儒家思想中的「內向超越」、「誠」等確實可以相應，但並不相同。而「誠」對中國思想文化已有數千年的歷史累積，始自孔子及其後的儒者對於「誠」的闡釋做了極大的貢獻，其中具有關鍵性影響的即是《中庸》（吳怡，1993）。整體而言，「誠」的思想演化，從道德品格到心性之學，甚至提升為形而上的生命本體；從下學上達到內聖外王，甚至提升到天人合一的工夫，《中庸》皆賦予其豐富的哲理。孔子所言「庸德之行，庸言之謹」（《中庸》），「庸」即有日常生活之意，而我們中國人常說「中庸之道」，年輕時的我不求甚解的認為這只是一種「折中主義」，也就是便宜行事的策略。然而，《中庸》一書中所談的非但不是兩邊不得罪式的小聰明，而是「誠」的大智慧。「中庸之道」與「誠」到底有何關聯？而儒家思想的「誠」又有何可補充薩提爾的「一致性溝通」與「靈性渴望」呢？

我們先參考吳怡所考據的結論：

「所以中庸兩字，按照《中庸》裡所引證孔子的話來看，只是無過與不及的意思。這意思雖然簡單，但卻有很深刻的哲學根據，不過孔子罕談抽象的原理，在這些話中只告訴我們『君子而時中』、『用其中於民』、『中立而不倚』，卻並沒有說明這個無過與不及的『中』的本體是什麼？」（吳怡，1993，第 37 頁）

　　換句話說，若要守中，若要不偏不倚，若要無過與不及，一定要有個相對應的目標，才能不偏，才能無過，才能用中。若沒有相對應的目標，「中」即可能是在兩極之間取其中點，而成為「折中主義」的權變策略。於是，《中庸》的作者把孔子沒說出的接下去說了：「天命之謂性，率性之謂道，修道之謂教。道也者，不可須臾離也，可離非道也。」據此，「道」即成為主體性，而「道」是依循著「天命」而來，所以不偏不倚的準星所對的是「道」，而「道」依的是「天命」，隨時微整準星以免過與不及，就是「時中」。接著，《中庸》就對「中」與「和」作了更精闢的天人闡釋：

> 「喜怒哀樂之未發，謂之中；發而皆中節，謂之和。中也者，
> 天下之大本也；和也者，天下之達道也。致中和，天地位焉，萬物
> 育焉。」（《中庸》）

　　凡人必有情緒，而情緒常是依著欲望與情感而發，難道儒家的中庸之道是以壓抑情緒不發出來，或是去除欲望和情感以戒斷引發情緒之源，作為修身養性的「守中」之道嗎？若是如此，肯定與現代心理衛生的觀點相背。由欲望或情感而發生情緒，當然是人之常情，但也是人的物性（如身體、個性、環境刺激等）限制，而人的自由在於超越物性而向著天命之性，只要向著天命即是中道。誠如勞思光的觀點：

> 「宋明儒者對『喜怒哀樂之未發』一點，解釋不同，頗有爭
> 論；但對於『中』字的詞義則大致均承認『中』為『不偏』。這裡
> 也有一點須加注意的，即是『中』是一境界；它並非指實然的未有
> 情緒的狀態，而指自覺地超脫情緒的境界。境界即由工夫得來。」
> （勞思光，2000，第44～45頁）

　　因此，向著天命而不偏中道是工夫的境界，也是情緒覺察的成長功課，

在情緒將發生但還未發生之際，即已覺察於內在的物性活動與人性靈明，並將生命的準星對準著天命之道，這種工夫境界就是「中」。由「中」而發的喜怒哀樂當然皆是落在「節」處，「節」就是「恰如其分」，也是「關鍵所在」，不誇大、不掩飾的發在「重點」，而不是散亂地到處波及。但是，「關鍵」何在？「重點」為何呢？還是需要回到最終極的依歸，也就是「率性之道」。此「率性」並非使性子、耍個性，而是依循天命之性，也就是以「仁」為體貫穿天人的本真情感。所以關鍵重點是落在「仁」，如前所述，「仁」是惻隱之情，並且是自發性的道德情感，同時是在「關係中」發生，而實踐在生活裡。

作為工夫境界的「致中和」，又該如何能夠具體實踐於日用生活之中呢？《中庸》則明示了實踐的綱領：

> 「誠者不勉而中，不思而得，從容中道，聖人也。誠之者，擇善而固執之者也。」（《中庸》）

儒家思想中以「聖人」作為人性潛能充分展現的象徵，而「誠」則是本有俱足的條件，所以達到「中和」的工夫境界，不是靠外力引導或豐富知識，也不需勉強，更不必苦思，而可以從容自在地以「誠」實踐中道。能夠如此，是因為自己已下定決心，立定志向朝向內在的道德主體為生命價值。據此，「致中和」的工夫其實不必外求於高明的技術或方法，而是決心向內回返覺察自我的實踐，也就是「自助」的學習，而非「他助」的治療。

照學者吳怡的看法：「在中庸裡，這個誠字有兩大特質，一是由下而上，為天人合一之道；一是由內而外，為內聖外王之道」（吳怡，1993，第50頁），所謂「內聖外王」若照一般封建式的想法，就是把自己的社會素質搞好，才有機會可以站在權力的高位，但是更深的意涵則是充滿人文思想與生命價值基礎的自我實現之喻。「內聖」即是成己之境，內在超越的具體實踐；「外王」則是成物之心，仁民愛物的具體展現。而「中庸」則以「誠」作為貫穿成己成物的總綱領：

　　「誠者自成也，而道自道也。誠者物之終始，不誠無物。是故
君子誠之為貴。」（《中庸》）

　　誠的首要功課就是要面對自己，誠心的面對自己，也就是充分的自覺，
自覺於自己生存焦慮、匱乏性需求、防衛機轉、個性框架、欲望偏見；當然
更重要的是自覺於良知，自覺於天命之性，自覺於道德主體，自覺於仁心。
然而，面對自己並非閉門造車、閉關冥想，而是必須緊連著「物」。「物」
即是外在的現象世界，將心誠與外物相扣。學者余治平把《中庸》心物相映、
內外相連的特別之處闡釋的很清楚：

　　「《中庸》講誠，為什麼總離不開物，物之為物為什麼註定要
與『誠』緊緊相繫在一起呢？應該說，將『誠』提升到與物的生、
成、形、滅相始終的地位，是《中庸》的獨到發明。於是，誠在
《中庸》一書中已經獲得了一種本體論的決定意義。沒有人心感物
之誠，沒有物自身志意之誠，萬物就不可能走出自身而成為現象存
在。所以，感於物性是君子成己、成物的最高工夫，感物之誠也是
君子最珍貴的品格。然而，誠還不只是人心主動地去感物之誠，這
只是它進入人世生活（即『成己』、『仁』）的一面，它還有更為
原始，呼應道體（即『成物』、『知』）的一面。這兩方面的結合
與完善才能成為真正的誠，也才能夠化生出天地萬物。」（余治
平，2009，第 7 頁）

第五節　極高明而道中庸

　　承上述，透過「中庸」、「誠」提升至本體意義的境界，而不只是生活
態度，或人格內涵與溝通方式（如薩提爾的「一致性」）。透過「人」的「成

己」，「天地」才能「成物」；透過「物」，人可與天地互為主體，而關鍵皆在於「誠」。但「誠」不只是處事應對的技巧，也不只是人際相處的工夫，除此之外它更像是人、天、物、我之際的傳媒導體。所以《中庸》說：「誠者物之始終，不誠無物」，也說：「誠則明矣，明則誠矣」。此說明了「誠」是開顯一切存在的基礎，所謂一切存在不只是此在，甚至可超越此在而達先知之境：「至誠之道，可以前知。……福禍將至：善，必先知之；不善，必先知之。故至誠如神」（《中庸》），「故至誠如神」此語明顯地充滿濃厚的神祕主張。不容諱言，從遠古之巫儒傳統到漢儒之符命讖緯，儒家思想其實皆有神祕思想，對現代科學的理性主義而言實難接受，然而，正如西方分析心理學大師榮格所言：「古代中國人心靈沉思宇宙的態度，在某點上可以和現代的物理學家比美」（楊儒賓譯，1993，第 221 頁）。在為英譯本的《易經》寫序言時，榮格以其著名的同時性觀點，解釋了古老中國的聖人擁有一種非線性因果論的深層智慧，而正可回應康德（I. Kant）「純粹理性批判」中無法完成的任務，也就是人的認識與物自身之間永恆距離的存在（楊儒賓譯，1993），而從《中庸》的論述重點而言，「誠」即是必要的存在。這樣的觀點早在《中庸》之前的《孟子‧盡心》即已闡明：「萬物皆備於我矣，反身而誠，樂莫大焉」。若從此出發，則重點不落在「誠」的神祕性，而是當「反身而誠」時，人的心性即有無上的潛能：

> 「唯天下至誠，為能盡其性；能盡其性，則能盡人之性；能盡人之性，則能盡物之性；能盡物之性，則可以贊天地之化育；可以贊天地之化育，則可以與天地參矣。」（《中庸》）

至誠—盡其性—盡人性—盡物性—贊參天地，這就是儒家思想心性之學中宇宙本體及萬物存在的藍本，而「人」在此中是具有極高明之潛能，如果我們能從「以誠待己」的中庸之道出發，天人之間的距離將愈來愈近！

第三章　從助人專業到輔仁之志

第一節　由虛顯實，從偏守正

　　作為一位二十五年以上資歷的家庭工作者，自然可以想出一個虛擬的案例，以供理論性與實務面的分析與討論。其實，虛擬案例比真實案例更實際地反映出「故事」建構者的認識觀點及問題意識，甚至許多現實案例也是被專業工作者建構出來的「故事」。而我認為虛擬案例的建構者將比宣稱為現實案例的建構者，更自覺於己身的重要性，更有意識的察覺到自己的認識系統如何左右「故事」的發展。在這本書中，我提出的案例皆是虛擬而生，這也是本書的重要立場，現實與虛擬並非二元對立，兩者相依而生，但也互存而抑，主體與客體也是如此，自己與他者也是如此，內在心理與外在世界也是如此，男性與女性，成人與小孩，……皆若是。如此認識立場下的家庭、個人、生活世界是人文情感中的家庭、個人、生活世界，從此延伸而出的助人工作是人文的實踐，而非科學性的問題分析與工具化的問題處遇。

　　在上述的認識立場下，主客之間的虛實之見，總是從「己」出發，於是「反身」則成為必要。在進入虛擬案例之前，先陳敘一些屬於我自己的生命脈絡：出身於戰後嬰兒潮、外省第二代、公教家庭，我身處於臺灣創造經濟奇蹟的年代中，而成為既得利益者。童年享有首善之都的教育環境，與中產階級的文化資源；青年期正值邁向現代化的社會建設，以及逐步開放的政治氛圍；壯年時搭上經濟奇蹟的列車，在股市上萬點的時機中踏上助人專業之路。然而，隨著經濟的泡沫化，我的身心如同臺灣的社會被掏空了！1999 年9 月 21 日，被大地震重創的臺灣最需要助人專業的時候，我卻無法幫助自己

從憂鬱的谷底爬出來，而不得不重新面對自己的生命意義與價值選擇，反思一路走來的專業生涯路。在市場經濟下，已漸漸地使我成為助人的技師，而淘空了我原來嚮往的「人味」。

　　從追尋專業化到回返人文路，這一段從己身的經歷中延伸至大破大立的轉折，在我的博士論文《從儒家經典與我的知行反映中體悟諮商與助人之道》（王行，2013）有較清晰的整理。這本論文是用敘（故事）論（論述）相雜的方式書寫的，就是希望能表現出主客不分、情理相依的人味。能有條件往這樣的風格生產出一本博士論文，絕對是走在先覺者之後，他們以其畢生所學而邁向曠野，從探究與實踐中體會著生命至理──「道」。黃光國老師即是我心目中的人物之一，早在十多年前他就從心理學界實證主義的綠洲走向科學哲學的曠野，《社會科學的理路》（黃光國，2001）一書擴充了我的「科學」視域，而感覺到前行的召喚。當時的我想搞懂「現象學」，因為社會工作界掀起了質性研究之潮，許多相關文章都提到「現象學」，而我一直都難以理解「現象學」到底是什麼？直到讀了黃老師介紹認識論的書，才進入似乎理解的狀態，爾後就不可收拾的往裡鑽。鑽出更多的困惑，但也鑽出更大一些的視野，不知不覺地也走進曠野。

　　在曠野中，我遇到翁開誠老師，這位資深的心理諮商教育者已在孤寂之境待了數十年。當我們在忙著吸收西方專業知識，操作著「心理劇」、「家庭重塑」等象徵專業性的治療工具時，我暱稱的「老翁」卻沉潛在研究室獨自一人大聲朗讀王陽明的《傳習錄》。數十年後，我與幾位學弟妹纏上他開讀書會，每週四晚上從《論語》到《易經》，從四、五位到十幾位中壯年碩博士生，擠在輔仁大學聖言樓的「半畝方塘」內，齊聲朗誦儒家經典，一晃就過了六、七個寒暑。據說，隔壁間的學弟妹們說：「下雨的晚上，一群老人朗讀，真好聽！」跟著老翁學的是「為己之學」這門儒家工夫，並且是走王陽明的心學路徑。他的一篇文章──〈當 Carl Rogers 遇上了王陽明：心學對人文心理與治療知行合一的啟發〉（翁開誠，2004）成為我的啟蒙。在這篇文章中，老翁仔細的闡釋自身如何融會於西方人本取向的諮商心理與儒家

心學，而詮釋了「如其所是」的諮商學。借用馬斯洛（A. Maslow）晚年提出「such-ness」（大陸學者翻成「如其所是」）的概念（林方譯，1988），老翁的諮商學即是「如其所是」的助人工夫：緩緩、慢慢、細細的用情體會「人」的生命故事；從相互聆聽生命故事中，開顯人性之善種。這善種即是「仁」，他用「**以文會友，以友輔仁**」（《論語・顏淵》）這句儒學經典之句，詮釋出「同理心」的本體境界（翁開誠，2006）。

透過老翁，儒家思想成為我的曠野奇遇，從來沒想過會捧起「論孟」，參讀「易理」，時時以《中庸》、《大學》之句期許自己。以五十高齡「志於學」，對我而言恰到好處。若非混過、忙過、順過、又困過，讀起這些「老東西」恐怕不對味。進過曠野，被「老東西」洗禮，看待自己生活的方式也不一樣了。「助人工作」是我生活的大部分，從專業變成不專業的生涯路徑，外表是愈走愈窄、愈來愈偏，但是心情卻愈變愈寬、愈走愈實。這樣的過程在《尋人啟示：從西方助人專業回返儒家德性之知》（王行，2014）一書中試圖爬梳勾勒，這本書藉著編輯近十年的一些論述，重新回觀自身的助人工作。

反身之後就決定要繼續前行，再次想藉由寫作過程，創生一套「老而新」的助人知識，儒家思想是「老東西」，而希望透過我的詮釋就變「新鮮」了。膽敢如此，並非自己已熟於經典也精於助人，而是將「儒家思想」和「家庭諮商」混為一談之後再融於一體的努力。對飽受西方助人專業知識影響的華人心理諮商與社會工作等助人專業界而言，這樣的努力應是「偏方」。「偏方」有個雅稱──「另類療法」。起碼在臺灣的華人社會中，以西方知識為主流的社工與諮商等助人工作，時時走入文化困境，「偏方」或「另類」是相對性的語言。對主流而言，其外即是另存之類；在有限的視域中，境外則是偏於一方。如果我們的目標是在「如其所是」中開顯人性之積極意義，那麼以強調「科技理性」的專業知識作為準星，可能會走偏了！「科技理性」是現代西式專業的知識性格，重在使用科學思維的技術工具解決問題，醫療知識即是最佳的代表。透過證照，臺灣的心理諮商走入醫事的

範疇，社會工作則置於國家建制內，助人專業更加重視社會問題與解決的標準程序及其後果成效（王行，2014）。而被現代性社會認為過時的傳統，被科技理性視為不科學的知識，被自由主義批判為封建的儒家思想，我認為即有存在的條件而成為助人目標的準星，對準了開顯人性之善的目標。綜歸一句：是主流還是另類？是正統還是偏方？要看想往哪一個目標前進！我們到底在追尋哪一種「道」？是與體制結合的社會控制工具？還是開顯人性的解放與超越之境？

第二節　張三及其困擾　

　　張三，年近半百但中年失業，最近又失婚。目前與高齡母親同住成為主要照顧者，每日打點臥床多年的老人家，從清洗餵食到護理復健，全是張三兩手挑起。父親原本是高級公務員，過世後其遺孀仍可領用部分月退俸，又繼承了三十坪大的老公寓，張三起碼居有定所、衣食無缺。他的生活極為簡單，不菸不酒不賭不嫖，不只沒有複雜的人際交往，連親戚朋友的連絡也不多。若以「孤僻」形容張三，他自己也覺得適切。

　　他以正人君子自許，最瞧不起大自己 3 歲的長兄——某大企業的高階經理，成天只顧著攀權附貴，汲汲營營往上翻身。除了按月提撥奉養費之外，難得回家探視老人家，如果有來也是趾高氣揚地嫌三道四，像陣風一樣的就走了！年前兄弟倆在老母親面前惡吵了一架，起因是長兄認為張三苛扣奉養費，而為自己換了一台高檔大電視。張三一氣之下拿起選台器往他臉上砸，長兄甩門而走，衝去驗傷報案，提告張三傷害。從此兩人王不見王，換大嫂每隔一段時間，蜻蜓點水般的探視婆婆。

　　張三對自己的火爆性格也很懊惱，原本是船員但想給妻子穩定的婚姻生活，而選擇靠岸當業務，孩子剛出生只好吞下職場上的鳥氣，回到家中卻看到妻子忙著網銷的工作，把女兒都扔給婆婆照顧。於是夫氣妻不顧家，妻怨夫賺太少，吵到女兒念國中時，老母親的帕金森氏症退化日趨嚴重，張三決

定搬去與老母親同住。從此離妻女愈來愈遠，關係也愈來愈冷，怨懟也愈來愈深。他覺得這兩個忘恩負義的女人，用盡了他的精力，掏空了老母親的體力，就相繼而去。積壓已久的氣憤，終於在中秋之夜爆發。張三堅持要求妻女回老母親家團圓，卻得不到善意回應，他當著女兒面對妻子飽以老拳，……。經家暴中心的處理後，張三多了幾個社會標籤：家暴相對人、施暴者、衝動性違常與憂鬱症患者；以及生活多了幾件麻煩事：強制治療、被告出庭、離婚訴訟。於是他變得愈來愈「孤僻」。

如今兩年已過，張三付出了法律代價，也成為社會局的「高風險個案」，經常被社工人員關懷著。他表面上已沒有脫序的暴力衝動，但心情更為沮喪，經常不發一言，又時而在夜裡長嘯。社工人員開始擔心，張三的精神狀況會影響照顧老人的品質，而母親過世後的日子，也有可能是張三再次失去生活重心的時候，這又會如何影響他的精神狀況？

第三節　助人的困窘與超脫

借著張三的故事，我們開始思考：作為一位助人工作者，倘若他願意受助，我可以幫助他什麼？如果他不願意受助，我又該如何看待他的人生困境？類似張三遭遇的人有可能會因為不堪憂鬱之苦，或離婚之痛，或孤寂之悶，於是走進了心理諮商的服務範圍，像是協談專線、個別諮商、臨床治療等，而被稱之為「案主」；但更有可能是透過政府的保護體系而被置於風險管理的處遇流程。前者通常是具有主動求助的條件，而比較容易建立助人關係（如同病患求診）；後者則是需要法制基礎與權控機制，才能構成助人工作的場境，而成為「非自願性案主」（如同強制治療）。但是，無論案主或非自願性案主皆是相對於助人專業工作者的身分，於是助人者與受助者的身分是二元性的相對。「案主—專業工作者」二元化是助人專業知識的主流意識，並且強調兩者之間的界線。如同「主—客」二元對立的認識論，主觀經驗與客觀世界兩者必須有所區分，才能有現實感，才能保持真相的客觀性。從西方

而來的知識，尤其是現代科學的主張，必須在「主─客」、「心─物」二元對立的原則下追求真理，卻總是遇到主體意識的「窘境」[5]。

在助人專業的知識中，當在強調「案主最佳利益」或是「當事人中心」時，若助人工作者是以「主客二元」的意識型態出發，就必然會遇到「窘境」。事實上，在助人專業中「窘境」時時發生，例如：當一位社工人員以家庭圖表示出其對案主家庭的關係動力評估，並以此延伸出處遇的方案時，客觀性就成為關鍵。換言之，社工人員所理解的「案家」夠客觀嗎？假設其所接受的訓練，使其能保持客觀，然而此資訊的來源，透過當事人與某幾位家人的陳述，他們所認識與理解的「家庭」夠客觀嗎？他們在會談關係的氛圍下所透露的訊息夠客觀嗎？如果每一位家人都有其自己認識家人關係的視野，那麼綜合他們所有的認識視野，可以拼湊出客觀的整體家庭關係嗎？如果上述的疑問，我們無法給與肯定性的回應，這樣的認識窘境又該如何脫困？

曾經有一位精神科的社工人員告訴了我一個「脫困」的例子，他們曾以團隊的方式為某位病患進行家族治療，團隊成員皆參與觀察會談的過程，但是對於家庭動力的評估卻大不相同，最後取得「共識」的方法是：認同最資深的、最有治療知識的，也是在團隊中最具分量的醫師之觀點。當然從科學方法而言，如此取得「共識」或有草率之嫌，因為象徵知識權威的資深醫師，其見解並不一定能顯示「客觀」，於是對權威的懷疑與批判則是必須的科學素養。然而，在現實的生活處境中，專業人員又有何種條件可以獨排眾議、質疑權威？特別是在專業養成的過程中，我們靠著師長的教導、教科書的理論、專業化的規域，建構而生的一套「即存」框架，以其為「客觀知識」在助人的實踐場域中，將「案主」視為客體的分析出問題原因與解決方法。倘若沒有回返自身而覺知到已將這些知識視之為「權威」，而不曾質疑與批判

---

[5] 「窘境」一詞是借成中英的說法，他在一篇討論中國哲學的方法論文章中，比較了中西方的不同後而認為：直到當代的英美分析哲學與德國現象學，皆未能解決主客分離的窘境。讀者請參閱成中英（1991）。

的內化形成即存的認識框架，就已無法保持真相的「客觀性」。

　　質疑與批判的目的是為了努力於將自體「客觀化」，還是自覺於客體化必經由主體性，這是兩種不同的認識論立場。成中英（1991）認為，自海德格及其之後的詮釋哲學家，已逐漸朝向主客融合的整體哲學體系，而與中國哲學精神相通，於是「互為主體」成為後現代思潮的重要概念，而科學哲學也成為當今探究科學方法的重要基礎。上世紀中葉，在心理治療領域中應運而生的第三趨勢——「人本—存在取向」[6]，也是承繼現象學運動之後的科學立場遷移，逐漸從講究客觀化的行為科學殿堂出走，而強調對主觀經驗的重視與深入理解的必要。在臺灣，近年來推動本土心理學運動的重要學者黃光國（2001），亦致力於社會科學領域的科學哲學教育工作，並從中反思殖民化知識與文化主體之間的權力關係，而自儒家思想的「德性之知」建構助人工作的知識論基礎。翁開誠（2004）爬梳羅吉斯的人性觀，亦闡釋了陽明心學的義理，並比較兩者相通之處。相隔三百年的時間距離，中國與西方的文化差異，頓時有了照會與對應，而確定了「人」的主體性價值為助人工作的意義所在。從上述哲學思想的批判、文化殖民的反思、諮商學理的探究中，皆曾走入東方傳統哲思中尋找人的主體性，這樣的路徑似乎可以超越二元對立的「困窘」，而站在另一視野的認識立場上助人。

　　若從儒家思想的視野而論，助人工作並非從「助人者與受助者」的二元化思維中建構助人關係，而是以「互助」的概念消融了「助人者與受助者」的角色界線。簡言之，助人者即是受助者，受助者也是助人者。在此意義下，「互助」肯定了助人關係是一種「對稱性相依且相生」之組合。《論語》的名句：「以文會友，以友輔仁」（《論語‧顏淵》），恰可說明這種互助的關係，翁開誠（2011）已以此為題，詮釋了儒家思想對心理諮商之實務工

6　此係按心理治療理論發展的路數而分：第一趨勢為「精神分析」，第二趨勢為「認知—行為主義」，第三趨勢即為「人本—存在主義」，而「超個人心理學」則被視為第四趨勢。其後百家爭鳴，而「後現代主義」也應運而生。

作、教育工作，甚至研究工作的啟發，而開創出完整的知識體系。「以文會友」之「文」，並不一定要侷限於「文章」或「書本」，倘若從當代哲學詮釋學中對「文本」的概念出發，生命的遭逢也足以為「文」。當敘說出主體經驗中的生命故事時，即成為「文」；當雙方以生命故事相會時，即成為「友」，而成為「友」的意義與價值在於輔助彼此開顯人性中的「仁」。據此，不分助人者與受助者，皆是在際遇中相遇，進而以彼此的生命故事相會，從敘說與聆聽的關係中，逐漸意識到並肯定了積極的善性。在其間，主客相融，施授相依，生命相稱，意義相生。若朝向「輔仁」的助人工作，「我該如何幫助張三？」之命題就要以「我的生命經驗與張三的生命故事交會」為前提，而以「幫助彼此開顯內心之善、人性之仁」為終極目的。在此前提與終極目的下，張三是自願求助？或是被迫接受？該如何解決他的憂鬱、苦悶與孤寂？該如何控制他的衝動性風險？該如何防範他的老母親成為潛在性的受害人？這些命題也都是在「以文會友，以友輔仁」的過程中，彼此逐漸自覺於人性善處之良知，才能有所回應。

第四節　意義與價值的開顯

　　「主客二元」與「心物二元」科學方法的命題，要求認識的主體維持客觀，跳脫心理經驗、朝向物理現實則是邏輯實證的治學工夫。然而，從助人工作的領域而言，當「人」助「人」時即成為兩個主體存在而共構的整體關係結構。作為個體的人其所遭逢的際遇事件與經驗到的現象，都在其生命脈絡下具有整體的意義。所以不同的個體有不同的脈絡，而處於同一事件下的不同個體也處於不同位置而有不同的經驗角度。在不同的脈絡之下或不同的位置上，具有的意義就完全不一樣了，例如：在家庭裡的共在事件中，家庭成員因為各自的關係位置不同，帶給自身獨特而與其他家人不一樣的意義。在生活現象中已發生的「真相」往往不容易「還原」，而隨著不同的脈絡與位置而有不同的理解角度，但在人文世界裡卻隨著不同的關係位置與發展脈

絡，而開顯了不同的「意義」。在助人工作中對已發生的事件需要再認識、再理解與再判斷，事件發生的「真相」往往無法還原，但是事件對人的「意義」，則可以透過敘說的文本再現，不斷地再現而推陳布新。對於助人而言，真相的挖掘並不能帶來療癒，但意義的開顯卻再現了生命的價值。

　　在張三的故事中，我們很容易斷言其為「一面之詞」，如果從其手足的角度，肯定會說出另一版本的故事，而張三則成為自私又偏執的「啃老族」。在助人工作中，「真相」往往是透過會談的情境與關係中所共構的，例如：在婚姻暴力的案例中，社工人員通常會發現加害人與受害人兩者所陳述的真相有很大的出入。受害人覺得自己是非常的委屈和無辜，但是加害人也覺得自己才是真正的受害者。所以當社工人員為受暴者工作時會覺得施暴的一方真的是迫害者，然而為施暴者工作的社工人員有時反倒覺得自己的個案才是受害者。有時在婚姻協談中，治療師最困難的地方就是夫婦雙方針對某一「真相」的釐清，雙方在治療師面前彼此對質，而希望治療師可以公正而客觀的判斷何者為真！但無論是社工人員或是治療師都很難透過會談辨別出「真相」，有時社工人員或治療師愈沒有辦法分辨出真相，卻愈會想要搞清楚真相！於是發覺到自己變成了一個蹩腳的「檢察官」！

　　釐清真相的技術理性使工作失去人味，而助人工作卻是將失去的人味找回來。「以文會友，以友輔仁」這句名言，對助人工作的價值，即是在生活經驗中重新建構人性的意義與價值。張三所遭遇到的痛苦是與「意義」有關，而張三所關切的問題也是「意義」，某一現象的發生對處於獨特脈絡下、居於獨特位置上的個體產生何種「意義」，是構成其苦樂趨避的重大因素，助人工作者無法還原「真相」也無法改變「真相」，但是可以再現「意義」，建構「人性的價值」，而促發生命前進的動能。

第四章　歸仁：向善的二人聯隊

第一節　以愛之名

　　「你還愛我嗎？」常出現在電影中的對白，有時也會在會談室裡發生。過去我會視這個問句為婚姻與家庭中的核心議題，當有一方發出這樣的疑問，即是動搖感情基礎的關鍵時刻。倘若另一方無法給與正向的答案，這段婚姻與家庭關係勢必將走入盡頭。原因很簡單：無法相愛的人，為何還要生活在一起。透過助人專業，無論是婚姻協談或家族治療，似乎難以將「不愛」變為「愛」。在關係的糾葛中，「愛」或「不愛」似乎不是簡單的選擇題，而是人生的命題。1970 年代得獎的佳片——《凡夫俗子》（*The Ordinary People*）中有一句經典台詞：「我很難過的發現，已無法愛妳了！」共度多年的婚姻，當一方說出這樣的真心話時，另一方則默默地拾起行囊，悄然離去……。雖然現實生活並非如此，但是這一幕卻感動了當時只有 20 歲的我，覺得很符合於兩人之間「好聚好散」的原則。顯然地，「愛」是婚姻與家庭的磐石，若無此堅定的基礎，共在的關係皆成惘然，甚至虛假。但是，隨著人生閱歷，愈來愈覺得「愛」這個字相當撲朔迷離，而更加慎重於將它掛在嘴邊。尤其是在助人工作中，我幾乎不再問來談的當事人：「妳還愛他嗎？」這類虛而不實的引導性問題。

　　反觀當今的社會，以「愛」為名的商品，通行無阻地進入我們的價值生活，而我們所處的生活裡，卻四處可見以「愛」之名行操控與壓迫之實的人們。15 歲的少年因愛而迷惘；50 歲的大叔因愛而離家；母虐子、夫凌妻也都各自有「愛」的理由。顯然地，我們已經陷入了「愛」的泥沼，它成為現代

文明社會中，最具威力也最令人困惑的名詞。任何一個人或物與它相連，皆極有可能產生莫大的吸引力，它已愈來愈像是吞蝕一切的怪獸，包括我們的尊嚴個性、價值立場、道德理性、自由意志、生活資源、歲月時光、生命理想等，皆有可能被它吸入而難見天日。而這怪獸正是被這個社會所製造，被大家所豢養，而仍在不停的餵食，它已愈來愈貪婪，現在也正是我們思索該如何治療它的時候了。

顯然的，上述所言的「怪獸」與人類文明中所崇尚之美德，肯定是南轅北轍。為人所崇尚之美何以變身為食人怪獸？關鍵在於我們正在追尋的是什麼。當這個社會以市場價值、商品供需、消費經濟至上時，「愛」自然地也會被商品化、市場化，而成為消費生活的一部分。市場上出現了吸引力強的、容易感受的、迅速可得的，融入了交易意識中的「愛」，促使人們進入這樣的經濟活動中，以己身的條件換得他者的資源，可以是短線的操作，也可以是長期的投資。於是愉悅情感指數成為「愛」與「不愛」的指標，因為從身體到心理的愉悅情感，是我們最容易可確定的經驗，也最快速可製造的經驗。換句話說，愉悅情感最有利於市場化、商品化與消費化。從具體的性高潮到抽象的幸福感皆在愉悅情感的光譜中，若將這樣的愉悅光譜視為「愛」，「愛」所指涉的就是開心、快樂、舒適、滿足的經驗層次。於是，所謂「我愛妳」只是在說：「**透過妳所擁有的條件，令我感受到開心、快樂、舒服、滿足……**」，此時「愛」成為「獲得愉悅經驗」的代名詞，而與美德無關。反倒是將自身條件符合於市場價值，從能力到個性都型塑成為市場的搶手商品。在伴侶諮商中，無論聽到「我和她彼此相愛！」或「我跟你已沒有愛了！」，我都難以確定當事人確實知道自身所言為何。就如同走入紅毯的新人宣示：「彼此相愛，至死不渝」般的浪漫，但是當日子久了、關係變了、考驗來了，誓言才在實踐中或凋零、或紮根，其中之關鍵何在？使「愛」不渝的前提為何？將「愛」掏空的原因為何？若我們缺乏這樣的理解，又何以能夠以助人的立場協助難以相愛的伴侶或因愛而傷的家人？

我並非否定「愛」中的愉悅經驗，從身體到心靈的美好感受，促使人們

願意投入一份關係中，並且致力於維繫這份關係。但「愛」若僅止於此，當我們無法從此關係中獲得愉悅時，就不再有令人動心的價值，這份關係就會像殘存的軀殼般，剩餘價值最多只能填塞生活慣性，或是維持生活穩定。當久厭了這種慣性，或是不需再寄生於這種穩定，它就會成為人性的枷鎖。由愉悅變枷鎖的關係，難以使我們的生命品質得到超越性的提升，我們的靈魂只是從一個港口飄泊到另一港口，最終獲得的只是經歷過風霜的智慧，而成為一個老水手。

記得自己年幼時的環境，「愛」這個字較少掛在人們的口中，大家似乎很謹慎於使用這樣的詞來表現情感。但是，近些年在我的生活圈中，幾乎四處都看得到「愛」的字樣，每天都能聽到「愛」的語彙。進入現代性社會華人世界中使用「愛」這個字時，多少皆受西方文化中「love」之概念所影響。知名的人本心理分析學家佛洛姆（E. Fromm）認為，西方俗世生活中的「love」經常是「依附需求」的代名詞，「依附」作為社會心理的現象，其實是一種爭脫存在性的隔離感而與其他生命結合的需求性動能。這種動能促使人不斷地追求外在對象，而發展出各種人際結合的形式，從傳宗接代到相互作伴，而人倫的幸福與痛苦皆在其中滋生。

對於從依附需求而生的「love」，佛洛姆進一步指出其中的社會交換屬性：

「愛的本質存在於合作，在合作中二人覺得我們按照規則參加比賽，以便保持我們的權益並且享受我們的優越感。」（孟祥森譯，1969，第 116 頁）

這種關係反映了 20 世紀西方資本主義性格下的人性經驗，佛洛姆則以「二人份的自私」認為這是社會病態的產物，而與美德無關：

「把愛當作相互間的性滿足，把愛當作『二人聯隊』，以逃避

孤獨，這是現代西方社會愛之瓦解的兩種『正常』型態，是愛之病態的社會典型。」（孟祥森譯，1969，第 109 頁）

若照此說法，「二人聯隊」只是因利結合而相互操控的關係，除非我們能找到不一樣本質的愛，否則人與人的關係化約到最後，就只是「利」與「害」。

佛洛姆不滿於資本社會中「愛」的社會生產方式：兩人同意約會而進入戀愛，假以時日彼此相知後即考慮是否該結婚，而婚姻關係則是一種社會契約，雖不用明說但雙方都已明白彼此的權利與義務，簽下契約後就可形成「二人聯隊」，在社會中競爭求生存。他試圖說服現代人愛的本質不應該只是利益交換的工具，而是生命藝術，這種藝術正是人性發展上超越身心與社會需求的展現。他認為愛的藝術是創造性的能力：

「一種主動的動能，一種突破把人和其他同伴分離開來的圍牆的能力，一種使人和他人相聯合的能力；愛使他克服了孤獨和分離的感覺，但也允許他成為他自己，允許他保持他的完整性。在愛中，矛盾出現了：兩個人變成一個人，卻又仍然是兩個人。」（孟祥森譯，1969，第 109 頁）

不同於依附性需求的愛，創造性的愛是需要透過實踐，在生活中培養投入與覺醒的能力，專注地投入於彼此的關係中，覺醒於自身的匱乏與焦慮，而能以其本來的樣子看到彼此，他說：

「我們察覺到自己有一個自我存在，我們的人格有一個核心，這是不變的，而且不論外在環境如何變遷，也不論我的意見和情感會有某些變遷，它都堅持存在，貫徹我整個的生命。存在於『我』這個字後面的真體就是這個核心，我之所以為我，我之所以確認和

自己是同一個我，就是建立在這個核心上。」（孟祥森譯，1969，
第149頁）

　　佛洛姆努力以生命價值的高度詮釋「愛」，它並非被動性的愉悅經驗，
或是匱乏性需求的滿足感，而是透過彼此的關係，創造了自身之成熟人格與
美好人性的實踐能力。換言之，因為與他者相愛，才能瞭解自我，並學習促
進人格的成熟。佛洛姆所描述的這種人性存有，我認為可對應於儒家的核心
思想──「仁」。

第二節　援仁釋愛

　　孔子曾以「愛人」回應於弟子樊遲之問「仁」（《論語・顏淵》）。兩
千年前的聖者在克己復禮的實踐中體悟了「仁」之道，而奠定了儒家的核心
思想，影響了中國文化的深層結構。我認為，「援仁釋愛」足以為家族治療
帶來突破性的觀點。若再以前文所述之電影《凡夫俗子》中最後一幕為例，
男主角痛苦的表白：已無法再愛了！女主角即收拾了行李獨自離開苦心經營
的家。從「二人聯隊」式的社會生產方式而言，沒有了「愛」，宛如開不動
的車子，於是「認賠殺出」以免歹戲拖棚似乎是明智之舉。但是從「援仁釋
愛」的啟示而論，孔子曾說過：「為仁由己，而由人乎哉」（《論語・顏
淵》），關係的重點不在於彼此是否仍然能讓對方有「愛」的感受，也不在
於對方值不值得讓自己付出愛，而是在於自己願不願意透過彼此的關係而實
踐「仁」。

　　「願意與否」之命題必須以生命價值的終極性意義為判準，而非個性之
喜惡與利益之得失所能辨定：「最終成為一個怎樣的我，才是生命的本
意。」這樣的終極關懷是超越愉悅經驗的道德價值，但是所謂「道德」並非
是外在他律性的社會規範，而是內在主體性的情感存有。研究敘事儒學多年
的曾昭旭老師曾經提出了儒家思想的「愛情學」，一則補充傳統儒門對「男

女之情」的價值立場，二則提升了現代社會對「情欲」的理解高度。他認為，從（剎那）相吸之情到（一生）相約之義，即是實踐整全人性的道德體現，而期間之盡己潤物則是逆覺證體的過程（霍晉明，2011）。曾昭旭曾以其自身的愛情經歷而有如下之體證：

> 「……我在一名明慧女子面前，升起我生命中最隱徹的愚癡與妄求，也在她無言的教育下洗淨我所有的貪執與傲慢，我才逐漸真的在思想、心靈、情感上獨立起來，不但知道不應去依靠別人，也知道有時甚至不必去愛別人，因為愛是一種自由而不是一條鎖鏈。於是我的心境因著長久的將養，而逐漸從沉鬱中脫出來了，逐漸自由輕快起來……。」（引自廖俊裕，2011，第 29 頁）

欲求之執透過逆境，迴返己身的覺醒，而進入超越性的心靈之境，「愛情」提升為修養性的道德實踐，不再囿限於物性本能的投射，也不僅是化解孤獨的社會心理現象，而是超越了物性，與天性共參的德性之境。

以《中庸》的話來說：「天命之謂性，率性之謂道，修道之謂教」，至上的天命不是存於人性之外，而是俱足於人性之中，所以答案在於「己」是否願意為盡人性中之天命而投入於人倫之中。儒家之學是「為己之學」，從婚姻與家庭關係的相處而言，「為己」並非為己身之愉悅而是為己生之天命，這天命即是普遍性的道德價值。

從《論語》中可以瞭解孔子及其弟子對「仁」的重視，學生們曾多次向夫子請教「仁」的意涵及其實踐之道，而孔子則因材施教，針對不同的狀況闡釋其中的義理。對儒家而言，「仁」是德性而且是全德，也就是所有德性的總和，若要翻譯成英文，似乎可用「perfect virtue」來說明（馮友蘭，1993）。然而，「仁」又不只是客觀化的德性，更是主體的人性，甚至是完滿的人性，若用英文解說，則以「humanity」較為接近（杜維明，1997）。宋代大儒程頤曾對「仁」有極生動之比喻：「心譬如穀種。生之性，便是

仁」（《二程集》），人性中的天性在於「仁」，它像是核仁般藏於人心中
（陳榮捷，1996），此也就是孟子所說的：「仁也者，人也；合而言之，道
也」（《孟子・盡心》），當人能將內在仁的潛能發揚就是「道」的彰顯。
深藏於人性之中的「仁」，也是存於關係中的「仁」。「仁」的字面即是
「二人」的組合，象徵著人倫關係。換句話說，「仁」是在關係中所發生的
完滿人性與全德，它是一種源於內在的潛力，投入於人倫關係之中所產生的
惻隱感通，也就是「不忍人之心」的同理情感；同時，它也是面對真實自我
的良知感應，而且是生命創造與成全的泉源。總的來說，它象徵著人性良善
既普遍又高明的完備狀態（杜維明，1997），而這樣的存在即是與宇宙間至
高的真理存有——「道」相通。翁開誠老師所闡釋的「仁」，更可以說明其
在現代哲學心理學上的意義：

> 「儒家思想的『仁學』，指出了『人是什麼』，以及『人應該
> 是什麼』，也就是一種『人學』，也就是一種心理學（成中英，
> 2005；袁信愛，1999），更是一種『輔助』『人性』中的『仁性』
> 的『輔仁的心理學』。在各種與他者的關係裡（人際、家庭、社
> 會、國家、人類、歷史文化、宇宙萬物、天地鬼神），真實地實踐
> 出來，也同時開顯出這『仁』也是『人』的智慧。孟子的一句話說
> 了這道理：『仁也者，人也。合而言之，道也。』（《孟子・盡
> 心》）。輔仁的心理學的核心，仍然是那仁學的一以貫之的道理即
> 是『忠恕』的實踐。……忠恕之道用西方式的語言，也可以說是主
> 體性（subjectivity）與互為主體性（inter-subjectivity）的實踐與開
> 顯。所謂主體性即是對追求自由（或解放）的覺悟與努力。……所
> 謂互為主體性（inter-subjectivity）即是肯定這自由就不是我的專
> 利。」（翁開誠，2006，第 182～184 頁）

然而，藏於內心的天命德性種子，也必須面對生活中的七情六欲之影響

力量，而不一定能順利的發芽茁壯。孔子說：「吾未見好德如好色者也」（《論語・子罕》），可見現實生活中欲望的影響力確實強大。但是孔子也說過：「仁遠乎哉！我欲仁，斯仁至矣」（《論語・述而》），來表示一心求仁的關鍵性力量。「援仁釋愛」即是將「我欲仁」作為「我愛你」的大前提，從「愛上你」到「彼此相愛」的過程中，學習滿全人性之完善。如前述佛洛姆批判資本化的伴侶關係為社會生產的「二人聯隊」，若從儒家立場相對論之，不妨說「仁」是生產人性的「二人聯隊」。從匱乏之欲所發出之情，屬自然的過程；從依附之需所生之情，屬社會的過程。此兩種過程之實然性與必然性之存在，我們無法否定也不應貶抑其對人類生活的功用。事實上，透過匱乏性與依附性的動能，使我們想要覓求伴侶並彼此相愛。然而，以「仁」作為超越性的價值目標，將使兩人的生命更加豐富而展現人性更完善的品質。「以文會友，以友輔仁」（《論語・顏淵》），即是儒家理想的「二人聯隊」。「文」狹義而言是經典，廣義來說也可以說是「生命內涵」。彼此的生命內涵相遇，在這種親密的關係中，兩人相互激發提升內在人性的完善潛能。

「人皆可以為堯舜」（《孟子・告子》），儒家思想對人性善端充滿了樂觀進取的精神，成聖之路在於向內探索、覺醒，並實踐於外在的生活世界中，尤其是在人倫關係裡。孟子說：「學問之道無他，求其放心而已矣」（《孟子・告子》），「修身之道」自先秦以來一直是儒門的核心工夫，這也是宋明理學家所強調的內聖外王之學。孔孟及其後人對人性雖屬樂觀，但卻是建立於審慎的現實感中。思想史學家張灝（2010）認為「人皆可以為堯舜」之理想，並非否定或低估了「人亦可為禽獸」的現實性：

> 「不錯，孟子是特別強調人的善端，但他同時也深知這善端是很細微的『人之所以異於禽獸者幾希！』這個『幾希』固然是孟子對成德採取樂觀之所本，但也道出了他對人性的現實感。……因此，我們可以說：與孟子之樂觀人性論相伴而來的是一種幽暗意

識。儘管這種意識表現的方式常常是間接的映補，或者是側面的影射，它仍顯示孟子對人性是有警覺，有戒懼的。只有本著這份警覺與戒懼，我們才能瞭解為何《孟子》書中一面肯定『人皆可以為堯舜』，強調人之趨善，『如水之就下』，而另一方面卻時而流露他對成德過程的艱難感，為何他要重視『養心』、『養氣』等種種工夫。」（張灝，2010，第 59～60 頁）

換言之，面對自身的七情六欲與環境制約，人性雖有善端，但趨善並非必然，而是需要「養心」此等修身工夫才能在生活實踐中朝向理想的應然。

孟子不免戒慎於人性之幽暗，但儒家思想卻沒有如西方哲學或心理治療般投入於探索人欲，而是強調人性之善端。對於身心欲望的動能作用，儒家也沒有如心理諮商理論般整理出系統化的觀點（例如：戀母情節、心理防衛機轉等），而缺少具體的治療方法以改變心理疾病（例如：談話治療、潛意識分析等）。但是，儒家思想卻對於開顯人性之善累積了豐富的論證，認為「反求諸己」於人性的潛能才是超越之道，而非外求於法。孟子說：「惻隱之心，人皆有之；羞惡之心，人皆有之；恭敬之心，人皆有之；是非之心，人皆有之」（《孟子‧告子》），王陽明則進一步強調人性的潛能是源自主體道德的力量──「良知」，並且是不假外求而已存於內心之中：「是非之心，不待慮而知，不待學而能，是故謂良知」（《大學問》）。然而，如何確保這不假外求的良知在生活中產生具體的影響力，就要靠個人「存養」的決心與工夫。王陽明的名言：「省察是有事時存養，存養是無事時省察」（《傳習錄》）。顯然地，從孟子到王陽明所言之心性工夫，審慎於人欲與環境的物性作用，但仍樂觀於人性善端，而認為從優勢的潛能出發，最終即可達到超越性的提升。近年來，社工專業開始重視「優勢觀點」的助人工作立場，認為過分強調病理或問題的現代性模式，造就了更多的專家權力，反使問題或疾病更加複雜化，而鼓勵當事人發掘己身之「優勢條件」，以提升自我的生活品質。儒家思想似乎與後現代臨床方法有相似的立場──強調善

端之潛能，並在生活田野中不斷地培養正向力量，而逐漸取代了負向性的問題與困難。

　　據此，縱使外在環境如何惡劣，任何人都已具備向善的種子，而這顆種子必須在日用倫常的生活中滋養，才能茁壯而取代人性中的幽暗意識，也才能不被欲望束縛控制，才能不被情緒困擾綁架。而滋養的條件在於面對生活中的每一件事，都自覺地省察於良知，在良知省察之處明辨其所應為，選擇其所當為。孔子言「仁」，孟子說「惻隱之心」，王陽明強調「良知本性」皆是指人性的善端潛能。「*我欲仁，斯仁至矣*」（《論語・述而》）、「*惻隱之心，人皆有之*」（《孟子・告子》）、「*是非之心，不待慮而知，不待學而能*」（《大學問》），也皆是從不同的角度詮釋「不假外求」的主體性力量。「援仁釋愛」的理想伴侶關係，即是認為人皆可透過「愛」而「反求諸己」，自覺於惻隱良知，而在生活中發揮仁德。

　　將「仁」的概念用於伴侶與家庭關係中，就可明白現代人所欠缺的超越性價值，而導致了「二人聯隊」式的困局與痛苦為何？現代文明開放的社會皆強調經戀愛而結合的親密關係，但是其實我們的主體性並沒有比封建社會所重視的父母之命、媒妁之言解放太多。過去是被家族主義的威權壓迫，現在則被個性所限以及社會條件所制約。被威權壓迫的主體容易覺知自身的不自由，受困於個性與社會條件的個人，較難覺醒於無形的控制。換句話說，「我是自由的！」，這是現代性文明所建構的「虛假意識」，此現象在上世紀 1980 年代的批判社會學家馬庫塞（H. Marcuse, 1898-1979）所著的《單向度的人》（*One-Dimensional Man*）中有清楚的論證（劉繼譯，1990）。婚姻中外遇的男人認為自己有尋找真愛的「自由」，而「選擇」放棄婚姻；受傷的女人認為自己失去「真愛」，所以可「自由」的「決定」結束婚姻。但是他們的選擇與決定皆是受制於己身個性之「好」，並且皆認為「真愛」是來自他人的條件，這種既受制於個性又受限於他人的「愛」，其實是更不易覺知的枷鎖。當個性變了，所「好」也變了；當對象變了，所「愛」也不同了。

　　然而，若以人性善端出發，外遇的男人即是在面對「仁」的議題。在

《論語》中，孔子及其門下曾多次討論「仁」的意涵。作為孔門傑出弟子之一的曾參用最具領悟性之語，向其同窗們詮釋老師以「仁」為核心的一貫思想，他說：「夫子之道，忠恕而已矣」（《論語・里仁》），據後世儒家學者對「忠」的闡釋為「盡己」，而「恕」則是「推己及人」（參見朱熹之《論語・集註》）。所謂「盡己」並非盡己之私欲或性情，更不是一味地委屈求全，而是盡人性善端之己。如前文述及，「仁」是在人我關係中所開顯的全德善端。在此前提下，與「己」發生關係的是「他人」，與「盡己之忠」對稱相應的則是「及人之恕」。「及人」是從己身外推至他人的惻隱之情，也就是同理心。子貢曾求老師的一句金玉良言，以作為一生努力的目標，孔子以「其恕乎！己所不欲，勿施於人」（《論語・衛靈公》），回應這位具政商才能的高足，肯定也能對汲汲營營的現代人有所提醒。「己所不欲，勿施於人」這句耳熟能詳的格言，不應囿限在字面之意而解讀成：「我自己不喜歡別人如何對我，就不要如此對別人！」而忽略了夫子對於仁心良知之期許。一個人若能自覺於良知，也能惻隱他人的處境，這也就是「仁」的自發情感。從更積極面而言，就是孔子所說的：「己欲立而立人，己欲達而達人」（《論語・雍也》），此句中的「欲」即是來自良知，若從私欲出發，就像是社會交換的工具性作為，如同佛洛姆言下的社會生產性之「二人聯隊」，自然與出自良知的惻隱之情的人性層次不同。

　　儒家心性之學的樂觀人性善端而正視「仁心」潛能，對於人性必然存在的欲望，雖然不多加分析探索，但也非避而不論。王陽明的學生蕭惠問：很難克服自己的私欲，這該怎麼辦？王陽明的回應是：「將汝己私來替汝克」（《傳習錄》），以私欲克服私欲！此方法有其深邃獨到之處。這位帶給儒學革命性改變的心學大師認為，「為己之學」不能離開自身的軀殼而論，如果真為自身考量，就不會做出殘害軀殼的事，而任由無止盡的欲望控制自身。他說：

　　　「這個真己是軀殼的主宰，若無真己，便無軀殼；真是有之即

生，無之即死。汝若真為那個軀殼的己，必須用著這個真己，便須
常常保守這個真己的本體。」（《傳習錄》）

若從這個例子回應於現代人的伴侶關係，當欲望之情冷卻，首先要思考
的並非彼此該不該分手，而是真心為自己的生命著想。顯然的，追尋於外在
對象而依附於「愛」的感受，並非善待自己；當匱乏性需求得不到滿足而移
情它戀，也非善待自己。被自身之欲念（像是投射、補償等心理機制）所操
控而不自明的生命，終究不是真自由；儒家式的「為自己而活」就是朝向超
越性的主體自由，而提升實現自我的生命意義。

若以案例張三而論，一心想要盡孝的中年男人，對太太抱有「二人聯
隊」的社會生產方式之期待。當得不到她的認同時，深感失望的張三即認為
親密關係已然不在，而不願意付出關心與愛意。此源自於依附性需求的欲望
無法獲得滿足，疏離與孤單的感受讓張三像孩子般的焦慮並轉為憤怒，而不
斷地以指責的方式攻擊他的伴侶，結果導致兩人分離並持續性的惡言相向。
從表面上看來，盡孝的兒子得不到伴侶支持，似乎是對方無法患難與共。「孝
弟也者，其為仁之本與」（《論語・學而》），能以孝侍母卻不能以仁待
妻，顯然忠恕的工夫正是張三志於君子的學習，而首要的功課即是盡己。

第三節　齊家之道

如上所述，雖然「人皆可以為堯舜」，但是人依然得面對身心條件及環
境限制，而努力於超越物性，致力於開顯人性。據此，「盡己」與「及人」
的忠恕之道，仍然是要在現實生活的人倫關係中實踐。這樣的過程就是儒家
所重視的「為己之學」，我們也可用「自我成長」的角度，來理解這一輩子
的修身功課。換言之，張三若覺知到自己在養親的生活實踐中，未能由孝而
仁，發現自身忽略了「忠恕」之道，而進一步想要改變自己的生命品質。這
樣的成長志向，並不是依靠協談或諮商，或是讀些成長性的論著，就可以達

到「親親而仁人」的真實體悟。這志向必須在日用生活的倫常關係中不斷地實踐、操演、反思、體證，而逐漸提升德性境界，「尚志」的思想在儒家經典中，不時地被強調，並且提示了「志於學」的法門。《大學》與《論語》、《孟子》、《中庸》並列為「四書」之一，被儒門弟子稱之為「入德之門」。宋大儒朱熹以畢生之力注釋《大學》，充分表現了宋明理學新儒家的「內聖外王」之教育思想，並且承接了上古「聖君賢相」的政治理想。但是，中國的封建體制，在上世紀初已逐漸瓦解，全然不適合百年後的華人政治教育的建制生態，然而經歷兩千多年淬鍊的儒家思想，依當代史學家余英時所見，其「魂」尚存於文化之深層結構，所以與當代社會文化及人文生活的弦續體現，則是當代新儒家的課題（余英時，2010b）。余先生的見解是：

> 「近年來我對儒家究竟怎樣融入現代中國人的生活之中的問題
> 曾反覆思索。我所得到的基本看法是儒家的現代出路在於日常人生
> 化。」（余英時，2010b，第 196 頁）

若以助人工作為端，藉由伴侶、婚姻及家庭關係中具體的日用生活內容，以《大學》作為修習「仁」的實踐綱領，則《大學》將不致於淪為掛在學校穿堂大廳的口號式教條。不同於朱熹將《大學》作為「聖王賢相」的建制工具，王陽明曾重新詮釋了這部入德之門，將重心完全放在常民生活之中：「不離日用常行外，直至先天未畫前」（《傳習錄》）。並且鼓勵著芸芸眾生不必翹首期盼聖君賢相的治世來臨，而立志於自己的生活現場中實踐「道」。

《大學》中所提出的八條目：格物、致知、誠意、正心、修身、齊家、治國、平天下，若依朱熹等理學家以學問工夫次第來解釋，不僅有王陽明所言：「陷於瑣碎之蔽」，並且早已不適合於現代社會。當時朱子是以政治精英之立場關切治學之道，而在一百多年前譚嗣同已有論斷：「大抵經傳所有，皆封建世之治，與今日事勢，往往相反，明者決知其不可行」（摘自余

英時，2010b，第 199 頁）。反觀現代社會生活中，家庭與工作雖仍是大多數人的主要生活場域，但二者的區分愈來愈深，並且各自有其緊密的人倫關係，再相互交織而成為複雜的人際網絡。現代生活中的人際網絡可成就個體的生存性發展，也足以控制與壓迫著人的主體性發展。現代人的工作場域中有來自於不同生活文化背景與生活歷練的同事；而家庭中的成員又各自依其勞動場域，而形塑不同的生活視域與價值判斷。在開放且多元的社會中，無論家庭或工作皆存在著人與人的差異，卻又必須共處的現實。愈朝向開放，愈接受多元的生活世界，也就愈難依靠由上至下的建制化之控制與管理。無論在家庭、職場或公共領域中靠威權來處理異己的作為，對人性始終是一種扭曲，雖然可能可收短期之治理效果，對長期性的發展而言則是潛藏危機。在此現實的具體課題中，《大學》之八條目必須經過重新詮釋，才能對當代人的課題有所啟發。從開放且多元的觀點而論：「家」即是與異己共在之所，「國」則是與異己共在之處，「天下」亦是與異己共在之域；親密關係的共在之所即是「家」；工作關係的共在之處即是「國」；公共關係的共在之域則是「天下」。若進一步的延伸，在親密關係中與異己共處而能齊；在工作關係中與異己共事而有治；在公共關係中與異己共存而求平。所謂「齊」、「治」與「平」除了有「使其秩序化」的意涵之外（勞思光，2000），還可以創造性地詮釋為「在多元中相融」之含義：在家庭中每個家人都不一樣，但仍可以有整體的合一性（齊）；在職場中每個同事都不一樣，但仍可以維持穩定的生產性（治）；在公共事務上各個族群的意見不同，但仍有對彼此存在的尊重性（平）。這樣的新意與孔子所言：「君子和而不同」（《論語・子路》）的境界其實是一致的。

　　至於如何能不以威權強加於異己，而有齊、治、平之效？《大學》則提出了關鍵性的實踐之道——從「修身」做起，也就是在現實生活中，不斷地以「反求諸己」的態度，在自覺與反思中調整與異己相處之心，而能合於正道。此「正道」即是《大學》首章所言：「大學之道在明明德，在親民，在止於至善」的三綱領。因此，親密關係、工作關係與公共關係皆像是修身的

道場，透過這三個場域的生活實踐，當代的「君子」投入於與「差異」共在的處境，努力於能齊、有治與求平的生命格局；在具體的生活作為中得以自覺於道德主體，而達到人性之善境，並以此為安身立命之處所。「君子」是立志追求自覺於生命品質的人，因此無論是精英或是基層人士皆有家庭、職場與公共事務領域，而皆得藉以修身，所以《大學》說：「自天子以至於庶人，壹是皆以修身為本」，而沒有社會階層之分。

《大學》的八條目與三綱領已是眾人皆知的金句格言，但是如果我們沒能進一步將它生活化地與現代社會相連，而只是依著前人的註解加以背誦，或是書寫於廳堂供人瞻望，則失去了儒學的生生不息之創新力量。若從助人工作的角度創造性的詮釋首句：「大學之道，在明明德，在親民，在止於至善」，或可理解為：助人的道理，在開顯人性的善端，在貼近當事人的處境，在達到生命善境為依歸。而從儒家為己之學的立場，所表現的助人之道，則可以「知止而后有定，定而后能靜，靜而后能安，安而后能慮，慮而后能得」（《大學》）為註解，而詮釋為：幫助人的時候，良心有了歸宿，意義才能確定，意義確定了，才能安於作為，安於作為了，才能深思熟慮，深思熟慮之後，才能明白真正的價值。至於助人工作中的問題意識，《大學》則提出「物有本末，事有終始，知所先後，則近道矣」，我們可以將其理解為：一切事物對象皆有「根源的」與「支節的」的差別；一切工夫也有「開始的」與「終結的」的差別。助人的工夫也一樣，以助人者的自覺為本，才能達到貼近當事人處境之末；以良心為開始，才能接受所得的結果，這就接近了助人的本質。《大學》是儒家入德之門的條目綱領，以下這句話則成為重要的方法論：

> 「古之欲明明德於天下者，先治其國；欲治其國者，先齊其家；欲齊其家者，先脩其身；欲脩其身者，先正其心；欲正其心者，先誠其意；欲誠其意者，先致其知；致知在格物。」（《大學》）

　　從助人工作而言，這是從宏觀到微視的方法架構，我們可以解讀為：想要開顯人心的善端，就從國家體制的整治切入；想要整治國家的體制，就從恢復家族關係的公義切入；想要恢復家族關係的公義，就從自我成長切入；想要自我成長，就從端正心靈不受欲望矇蔽切入；想要端正心靈不受欲望矇蔽，就從誠實面對自己的意念切入；真誠面對自己的意念，就從擴充良心的自覺切入；而擴充良心的自覺，就要落實在正當的行動。今日的助人工作者無論想要推動政策改變體制，或改變案主個人，皆要從日常人倫生活的行動中切入，而擴充自己的良知自覺。以下是再次強調，由精微至宏大之間的息息相關：「物格而后知至，知至而后意誠，意誠而后心正，心正而后身脩，身脩而后家齊，家齊而后國治，國治而后天下平」（《大學》）。我們若作下述的解釋，則對現代性社會中的被建制化而逐漸失去主體性助人者很有啟發：助人時，若按正道而行，即能開顯良知，開顯良知即能真誠面對意念，真誠面對意念即能端正心靈不受欲望矇蔽，端正心靈不受欲望矇蔽即能自我成長，自我成長即能恢復家庭關係的公義，恢復家庭關係的公義即能整治體制，整治體制即能開顯人性的善端。

第四節　《大學》之療

　　《大學》的八條目，通常會被視為治學的次第工夫，意思是先從「格物」做起，然後再漸次而上，直到「平天下」。然而，這種次第顯然在日常人倫的生活中，難以循序而修。所以王陽明即將八條目之次第，創造性詮釋為彼此相通的八個道路（《大學問》），無論從哪道門進入，皆會通到其他之門，例如：要能在多元的意見中處理公共議題，而達到和的境界（平天下），自然需要把相關事務處理合宜（格物）。齊家之道從修身做起，而修身之道則是於日用倫常中以齊家為實踐的場域。「修身」的鍛鍊則端賴於「正心」的工夫，史學家勞思光（1927-2012）對「正心」的解釋以對情緒的控制為主：「《大學》所說的『正心』，偏重控制情緒一面。所謂『正其心』，

即指使心靈不受情緒之干擾」（勞思光，2000，第 8 頁），似乎較類似於現代人所說的「情緒管理」或「EQ」等技術性的概念。但是，《大學》中的「正心」卻不僅止於此，「使心靈不受情緒干擾」此句的主詞顯然是具主體性之人：「我使心靈不受情緒干擾」。然而，當我們正在焦慮、沮喪、痛苦等情緒的當下，身體不由自主地僵硬，心理不自主的封閉，許多負向性的思考在腦中轉，甚至會做出平常不該有的行為。通常在此狀況中，「我」是被情緒控制的，實難使心靈不受情緒干擾，除非是有超越心理之上的「我」，才能使自身的心靈不受干擾。人性深處存在著比心靈更大的存有，而足以作用於情緒，護佑著心靈；這超越性的「我」不僅自在於身心的我，並且能凌駕於心靈之我，但這「我」到底為何？王陽明對「正心」的解釋則提供了重要的線索：

> 「然心之本體則性也，性無不善，則心之本體本無不正也，何從而用其正之功乎？蓋心之本體本無不正，自其意念發動，而後有不正，故欲正其心者，必就其意念之所發而正之。」（《大學問》）

心的本體是人性，而人性本來就是善，所以心依著人性，自然就不會不善。但是《大學》又為何提到「正心」呢？因為心時時會受到意念的影響而有了偏執，所以只要將偏掉的心擺回人性之善端處，就是「正心」的工夫。從王陽明的觀點，超越於情緒且可保守心靈的「我」即是「本性」之我，亦是心的主體，無論情緒起伏、心念四起，善性依然存在，足可將意念導回正處。

「正心」為「修身」的工夫，而此工夫則與「誠意」相互為用，以誠意面對正心，也是以心正覺察意誠，亦是，兩相皆是自覺性的明白，也是自我導正的力量，更是自我療癒的過程。西方的人本主義治療大師羅吉斯的人格理論也有近似的觀點，可以兩相對照。羅吉斯認為，人性中本具自我實現的

潛在之動力性歷程，此歷程即是朝向生命意義之開展而自然為善（翁開誠，2004）。《大學》中對「誠意」之闡釋為：「所謂誠其意者，毋自欺也。如惡惡臭，如好好色」，勞思光將此句翻譯成：「所謂使意念能純誠無偽飾，就是不要自己對自己裝假。譬如厭惡難聞的氣味，譬如喜愛好看的顏色」（勞思光，2000，第16頁），將「誠意」翻譯為「意念能純誠無偽飾」。若從西方心理學的話來解釋「誠意」，即有自覺於自己的心理防衛作用並且不被心理防衛機制所扭曲之意。王陽明則認為：「然意之所發，有善有惡，不有以明其善惡之分，亦將真妄錯雜，雖欲誠之，不可得而誠矣」（《傳習錄》），依其所見，「誠」不只是無偽更是善惡之辨，要能無偽必先能辨善惡。換言之，「誠」是主體的善端判斷而非現象的真假斷言。若與西方心理諮商理論對應，翁開誠（2004）則認為，人本主義大師羅吉斯的治療觀點較接近於王陽明的心學，其對《大學》的詮釋中，「誠意」的「意」之所指是類似於西方心理學中的「動機」，所以「誠意」即是內省覺察於隱而在後的「動機」（翁開誠，2004）。在世俗化的環境背景下，人的「動機」往往並不如表現的單純，不只外人無法分辨，有時連自己也會被蒙蔽，而「誠意」即是撕開世俗化的包裝，面對內在真實之起心動念，覺察於心意是否隨著欲望而偏離了善端。王陽明說：「凡其發念而善也，好之真如好好色，發一念而惡也，惡之真如惡惡臭，則意無不誠，而心可正也」（《傳習錄》），這句話提出了一個重要的關鍵：人如果誠實地覺察了自己內心的動念，就不會被欲念所蒙蔽，即可朝向善端；若要隨欲念而去，也是當下立志朝善的決心不夠，而選擇如此。以此與薩提爾的「一致性溝通」之概念相應，則可從表裡如一的溝通之道，進入自覺性的道德工夫。陽明心學強調的重點在於，自覺於其內心的善念或惡念，而不加掩飾地誠然面對。

　　將「誠意」的修養補充於薩提爾的溝通理論，「一致性溝通」則不僅是將內心的狀態表現於外在的溝通行動，而是以覺察分辨起心動念的善惡之別為前提，而自然地（不必技術修飾）體現出「誠意」於溝通之中，這也就是「誠於中，形於外」（《大學》）的道理。如果我們只是強調將內在的想法

或感受表達於外的「誠實」，而不覺察分辨於說出這些真心話的動機是基於善端，或來自於私欲的包裝，尤其是在伴侶與家庭關係婚姻中，若沒有以「誠意」作為前提，而一味地以「誠實即坦白」為原則作為相互信任與忠誠度的標準，則很容易造就了道德壓迫，反倒形成彼此的壓力而扭曲了親密關係的意義。「誠意」必基於善念，善念則應體諒他人。若無體諒之心地強求關係中的誠實，極有可能是源於內在不安全感所發的欲念。《孟子》中的一句話可提醒我們以「善」作為操控他人的工具，則會導致更加無法信任的關係：「以善服人者，未有能服人者也；以善養人，然後能服天下」（《孟子・離婁》）。

意之誠必須透過日用生活裡的事理考驗，這就是「致知」與「格物」的道理。自宋之後，儒門多以朱熹為宗，將「致知」釋為：「即物而窮其理」（《大學》），意思是把事物的道理瞭解通透，當然這種研究精神是對「誠意」的考驗，因為有時，作學問的人，也會在一知半解下蒙混自己以得到真知。朱熹的見解顯然是從治學方法出發，並且希望從外在客觀世界的事理中得到「道」。然而，王陽明的心學則提出「致良知」之說，認為「致知」之「知」並非求外在客觀的知識真理，而是內在人性之善端——良知，此舉與孟子所言：「學問之道無他，求其放心而已矣」（《孟子・告子》）相應，而將德性知識回歸到素樸的本性。從王陽明的「致良知」之說，「修身」之道就不是依著外在的規範、他律性的道德來修整自己的心思正不正，而是「反求諸己」的回觀於自己的心思，探究內在人性之善端，覺察於主體性道德的動靜。比起朱熹的治學次第工夫，王陽明從「致良知」創造性的詮釋了《大學》的章句，對於助人工作產生了較大的意義與價值：治癒人心的方向即是喚起人性之善端，良知即是愛護自己、尊重他人的根源。

對於陽明心學而言，「良知」之「知」並非思想上的推理活動（西方倫理學中的 moral reasoning），而是必須在生活現實的遭遇中，以具體的實踐行動產生回應與反思，這也就是「知行合一」的道理。王陽明說：「然欲致其良知，亦豈影響恍惚而懸空無實之謂乎？是必實有其事矣，故致知必在格

物」（《傳習錄》），「格物」與「致良知」兩者為相依而構成的整體，而不是先格了物才能致其知。本著將事理做正了，來面對生活世界中諸多問題、困擾、操煩，而皆在「行」的過程中觀察、回應、處理、反思、覺察，並將起心動念置於良知之前，以反映自己心正不正、意誠不誠後再次調整，再次面對所遭逢的問題，這也就是「格物」的工夫了！「物」即是生活世界的各種現象，萬事萬物提供了「修」的良機，透過「修」，人可朝向生命之善境（止於至善）。王陽明以下述這段話說明了「格物」的道理：

> 「物者，事也。凡意之所發，必有其事，意所在之事謂之物。
> 格者，正也。正其不正，以歸於正之謂也。正其不正者，去惡之謂
> 也。歸於正者，為善之謂也。」（《傳習錄》）

王陽明將「物」從現象界回返至心內意念，而強調「格」的不是外界之「物」，而是心中之「物」，「正」了心中之物即是心理治療。而正與不正並非現象界的是與非，而是意念之善與不善。若能從良知處分辨善惡之念，並進而看待世間是非之事，且能在是非之中去惡擇善，此就是「格物」。

在助人工作中，當事人常遇到兩難抉擇的問題，張三即是例子：陪伴老人與關顧自己之間的衝突矛盾時時發生。在助人工作中，有時會以「價值澄清」的技術，幫助當事人分辨選擇的後果，這樣的作法可以幫助當事人從風險預估的角度，評斷利害得失。然而，對於兩難困境，儒學並不是從風險預估以「致知」，以利益計算為「格物」。從「君子喻於義，小人喻於利」（《論語・里仁》）到「知其不可而為之」（《論語・憲問》）等斷語，皆表現了以道德價值為核心的行動立場。當為與不當為的兩難困境，只是何者該為，與何者不該為之道德意識，而非何者能為與何者不能為的功利算計；為與不為的判斷在於善與惡之辨，而不是風險之判。王陽明對「格物」的詮釋，即是從良知而非利害關係：

「今焉於其良知所知之善者，即其意之所在之物而實為之，無
有乎不盡，於其良知所知之惡者，即其意之所在之物而實去之，無
有乎不盡，然後物無不格，而吾良知之所知者無有虧缺障蔽，而得
以極其至矣。」（《傳習錄》）

　　王陽明對於《大學》的詮釋是從其心學出發，這是他通過層層難關所悟
的道，也是畢其一生所行之道。心學中著名的四句教可供助人者思索人性超
越之路徑：「無善無惡心之體，有善有惡意之動，知善知惡是良知，為善去
惡是格物」（《傳習錄》），在生活中我們必須面對與處理許多紛雜的人際
現象，而「理解」則是所有判斷與作為的先決條件，然「理解」並非易事！
受限於生命經驗，我們有偏見；受限於情感經驗，我們有成見；受限於語言
經驗，我們會誤解。在此種種限制之中，我們該如何超越「認識的限制」以
「格物」呢？心學所提供的路徑，並非只是依靠外在資訊見聞做反應而已，
而是以內在的人性善端為具體行動的判準原則。換句話說，在人間事中理解
客觀事項是一回事，理解善惡之存在則是另一回事。儒家思想的心安是奠基
於後者，而非強調前者。舉例而言，我們永遠無法判斷張三是否誠意盡孝，
還是被私欲所蒙蔽，但是助人工作者必須以良知分辨該如何幫助當事人。如
果我們以誠意正心地協助張三能真誠面對自己的生命，並盡力地協助他提升
生命的品質，依據王陽明所言：「意之所在便是物」（《傳習錄》），換言
之，我們的心正了，這事理也就正了！然而，我們又何以能判斷自我的心意
是否正呢？王陽明的說法是：「知是心之本體。心自然會知：見父母自然知
孝，見兄自然知弟，見孺子入井自然知惻隱，此便是良知，不假外求」（《傳
習錄》），判斷反省自己心意的主體，即是心的本體，這本體就是良知，這
良知是「即存在此」並且不假外求。於是，唯有良知判斷我們的心意是否為
正，當良知覺察到心意不正時，心即會不安；反之，心則安了。但是，良知
隱於內在，為外人所不知，所以良知之知是「獨知」。倘若不理會心中所生
的不安，也就是自己騙了自己！這道理似乎很簡單，中國人常說：「摸著良

心做事」，也就是格物致知了。現象界的事物何其紛擾而令人迷茫，唯有良知能明善惡，若能依著良心作為，縱使結果有違我們所願，心仍然是安了。但是，良知在內獨知於我，似乎是在封閉性體系中進行自以為是的善惡分辨，難道不危險嗎？儒家思想則以天人不可分的開放關係，樂觀地看待良知之獨。從《孟子》所言：「盡其心者，知其性也。知其性，則知天矣」（《孟子·盡心》），到《中庸》所說：「天命之謂性，率性之謂道，修道之謂教」（《中庸》），陸象山的斷言：「宇宙便是吾心，吾心即是宇宙」（《象山語錄》，摘自蔡仁厚，2007，第 129 頁），乃至王陽明強調心即理，更確定了這內在於心的道德主體就是存於天地之間的道德主體，既特殊又普遍；既是個體又為整體；既在人心又是天心。其在良知處可知善知惡，其在仁心處則已達至善，而無善惡之辨的必要了（蔡仁厚，2007）。

第五章　安身：在命運中的自由

　　被翻譯為「系統」的「system」一詞，其希臘文的字源意思為「許多東西聚合在一塊」，也有「聚合成形」的概念[7]，例如：政府組織、機關團體等都可以用「system」指稱。在現代西方知識界中，如果用最簡單的方法來說明什麼是「system」，「部分與整體的關係」可能是較為貼近的理解。

第一節　結構與人文

　　「system」在古希臘時期可能是生活用語，在知識領域中並無明確以其做為理論概念，但是先哲們的思想中已提出了許多相關的概念，例如：在伊比鳩魯（Epicurus）的哲學思想中，曾用此概念指稱靈魂與肉身的結合體。學者顏澤賢（1993）曾將西方古文明中與「system」相關的概念分為四種：

1. 「始基」整體觀：也可以稱之為「元」的整體觀[8]，表現出對宇宙萬物之「存有」的本體想像，例如：前蘇格拉底時期的希臘哲學家泰勒斯（Thales）認為：宇宙的開始與最終皆為「水」，而萬物都是在「變動」（becoming）中存在。

2. 「原子」整體觀：以古希臘哲人德謨克拉圖斯（Democritius）的主張為代表的唯物主義宇宙觀，認為萬物生成皆以物質為條件，並且可化約為極小的單位——「原子」。「原子」組成萬物並且形成不同層次的「system」，而共同朝向既定的秩序運動。

---

[7] 請參閱《韋伯大辭典》。

[8] 「元」在中國文字上有「開始」和「基礎」之意，例如：《易經》中的「元、亨、利、貞」四種形勢，而以「元」為首。

3. 「數」整體觀：把「數」當作萬物的基礎單位，而用「數」將萬物連成一整體，是畢得哥拉斯（Pythagoras）對「system」概念發展的貢獻。畢氏認為，「數字」是萬物的本源，而數量關係將狀似無序的萬象，回歸到本體的真實與和諧的美善。

4. 「理念」整體觀：「理念」整體觀是以柏拉圖（Plato）的「理型論」為代表。柏拉圖認為，充滿變化的世間萬物之最後依據是「理型」。「理型」是存有的終極性、普同性與完整性的本體，並且可透過理智的思辨過程而掌握其法則。

我們確實可知，西方哲思搖籃的古希臘文明中已有近於「system」的學理智慧，並且很可能影響現代知識中的「系統理論」。當代思想史學家余英時（1976）曾分析了古希臘時期的思想傳統，而提出「反人文」的論斷：

> 「西方思想從其開始處看，不但不是人文的，而且是反人文的。其所以如此者，一部分原因蓋由於西方人的心智最初似乎是偏於向外在的世界放射。亞里斯多德說哲學始於好奇，殆即指此。」（余英時，1976，第 285～286 頁）

按余英時的說法，包括泰勒斯在內的愛奧尼亞（Ionia）等希臘諸先哲，他們共同關切的是純自然現象，而不是「人」。這些前蘇格拉底的上古思想家們，成為西方理性的源頭，而鋪陳了後來的哲學時代，以及貫穿近代的科學文明。余英時說：

> 「此派哲學事實上乃是一種粗樸的科學，西方的科學精神於此已有了充分的顯露。其特徵乃在於為知識而知識，不求實用，亦不涉及價值問題。他們所追求的一個共同對象便是一切事物的物質基礎。」（余英時，1976，第 286 頁）

　　至於畢得哥拉斯，其影響了西方文明追求數學化、形式化的抽象知識傾向，余英時則提醒我們：畢氏的終極關懷是「宗教」，數學終究不是其目的，而是用來支撐宗教信仰的手段。雖然他以「與神相通」作為人生發展的最高之境，而比愛奧尼亞學派更接近於「人」。但是，「畢氏一系之宗教思想雖曾提高了靈魂的地位，然其遊心象外遺落世事的態度最少也當稱之為非人文的」（余英時，1976，第287頁）。

　　至於德謨克拉圖斯的「原子論」，無庸置疑的繼承了愛奧尼亞派的唯物思想，於是前蘇格拉底時期的西方哲思較缺乏「人文」的關切。直到詭辯派（Sophists）的普羅塔哥拉斯（Protagoras）提出「人是萬物的尺度」之命題，否定了自然真理的探索，更無視於超自然境界的追求。然而，此種「人文思想」卻將道德價值也帶進了「虛無」，而被蘇格拉底及其後學等所棄。據余英時的觀點，直到蘇格拉底及其後學才是西方人文主義的建立者。簡言之，古希臘系統觀中的「人文」是在後期才逐漸發展，而追求獨立於「人」的客觀真理，一直是西方思想的傳統，而延續至現代科學的知識，「客觀」仍是重要的標準，並左右著人文社會的價值論斷。

　　曾影響家族治療知識發展的生物學家博塔藍非（von Bertalanffy, 1968）對「system」的認定即是：「一套因素相互的關聯」。而「系統理論」就是幫助我們在諸多現象中能夠釐清現象間彼此的關係，也就是從亂中掌握到整體結構中變化的秩序性！美國的社工學者安德森（R. E. Anderson）認為，所謂「系統理論」是匯集了多種學科的理論與假設，若以「理論」一詞稱之，則簡化其複雜的面貌以及其具有的後設性地位，所以他強調用「系統探究」（system inquiry）的語義來取代「系統理論」（Anderson, Carter, & Lowe, 1999）。據此，將「系統」作為一種觀察與理解的視野概念，而不框限於某種學科的理論，是比較審慎的知識涵養（陳天機、許倬雲、關子尹主編，1999）。在現代科學文明中，「系統」這樣的概念無論在自然科學中的物理學、生物學、氣象學等，皆是經常出現的專有名詞，在人文與社會學科領域中也是理解現象的重要架構。因此，「系統」是一種跨越學門的普遍性視

域，而在不同的學術領域中各自發展成特殊的意涵，甚至彼此相互滲透、影響之後，又統整出宏觀的共同視野。

　　在現代西方知識發展的進程中，「系統理論」可被視為對「結構主義」的延續與補充。「結構主義」認為結構優先於主體，行為者被結構所決定。按哲學家沈清松的論斷，結構主義缺乏了結構與主體之間的對比性動能，所以它的主張是反人文的。而「系統理論」雖然賦予了「結構」動態性的發展，但是依然「**無法設構『系統／主體』，『潛意識的決定／有意識的努力』諸種對比**」（沈清松主編，1993，第337頁）。換句話說，「系統理論」中的「主體」仍是被結構決定的。在助人工作專業領域中，皆有受「系統理論」影響的軌跡，像是「家庭動力」、「團體動力」，甚至是「人類行為與社會環境」，這些社工教育的必修課程都以「系統理論」為助人工作的重要依據之一。特別是「家族治療」，幾乎各個主要學派都以「家庭系統理論」為宗，而強調「家人行為」被「家庭系統」所制，因此個人的身心困擾與疾病，其實是系統動力下的「代罪羔羊」。「家族治療」對心理治療學理的發展而言，重要的貢獻之一是對個人心理疾病的診斷，轉而重視外在環境的病理因素。*People Making* 這本自1970年代即成為家族治療入門之暢銷書，從其書名及其中文版的翻譯書名《家庭如何塑造人》，即可看出帶有近似「結構主義」式的主張。

　　然而，《家庭如何塑造人》的作者、最具影響力的治療大師薩提爾，在其專業發展的後期，逐漸從傳統家族治療以會談室內家庭動力為重的工作形式，轉變為以當事人主體經驗為重的「Family Reconstruction」（家庭重塑），透過非真實家人在場的角色扮演方式，將當事人內心所記憶、認知、感受、理解的家庭經驗，立體性的展現在治療性的舞台上，而探究新的意義。其治療的觀點顯然有受到「現象學」的影響，而凸顯出主體意向之重要性；被結構影響的主體，仍可透過自身的努力，「重塑」其意義。換言之，即提升了人的主體地位，而與環境結構相對應！從「People Making」到「Family Reconstruction」的過程，若從認識論的角度而論，實可視為從「結構」歸向

「意義」，從「系統」返回「主體」，從「家庭動力」轉到「個體動能」，從「結構主義」擺至「人文主義」的變化，而這歸、返、轉、擺的移動，也再現出西方哲思中之主與客、神與人、穩定與變化、自然與人文、個人與集體、外在世界與內心世界的二元對立特色。歷史學家余英時（1976）認為，西方哲思的源頭即已預設了客觀真理的存有，而相對了人的存在。而「二元對立」幾乎是西方知識的重大課題，由古至今，「二元對立」似乎已成為思想變遷的主要動能，從一極擺動到相對的一極，這樣的「運動」成為西方文明的進步力量。我們甚至可以在上古西方哲思中之「系統理論」的源頭樣貌裡，見到二元對立與努力整合的軌跡。

　　從以探求外在客觀真理為旨的文明中，提高「人性」的意義與價值，這是西方人文主義的努力方向，而在自然與人文、主觀與客觀等二元的對立面上，也發展出「對比哲學」的智慧。「對比哲學」是由沈清松分析中、西方哲學發展而提出的見解，他說：「對比哲學在中、西哲學皆有其淵源，但重要的是：它是思索中國文化未來的一個兼綜性思考模型」（沈清松主編，1993，第 329 頁）。其中，「兼綜性」是針對相對立面的協調與創造性的整合而論。柏拉圖的「理型」、亞里斯多德（Aristotle）的「類比法」、近代黑格爾（G. W. F. Hegel）的「辯證法」、當代的結構主義、系統理論，甚至現象學、哈伯馬斯（J. Habermas）的批判理論等，皆可在「對比哲學」的架構系譜。沈清松所言之「對比」，係指：「同與異，配合與分歧，採取距離與共同隸屬之間的交互運作，並隸屬於同一演進的韻律」（沈清松主編，1993，第 330 頁），簡言之，西方哲學在二元對立的基礎上發展出「對比」的哲思路徑，蘊含於自古至今的諸多重要理論中；然而，位於中國文化哲思起源處的經典——《易經》，則早已是「對比性」地看待大千世界，並發展出完整的知識體系。在《易經》的思維中，天道與人道、自然與人文、主觀與客觀、結構與意義本來就是在對比性的關係中創造而生、演繹而成。

第二節 「大易」的超越

　　《論語》、《孟子》、《中庸》、《大學》與《易經》是儒家最重要的古代經典，尤其是《易經》，甚至是中國古代思想的起源著作，而影響了「儒」、「道」等重要哲理的發展，並化入民間日用生活中的諸多應用知識，從遠古到現今。如此既古老且深刻的智慧，對現代的助人工作，特別是心理諮商、家族治療與社會工作等領域，有何啟發性的意義？以及實踐理路的可能方向為何？若從人生哲學的視域出發，哲學家曾提出了三大問題：人從何處來？人往何處去？人應如何活（沈清松主編，1995），據此而看待助人工作即會發現：若要具實面對諸多問題的解決，諸般痛苦的消除，層層困境的超脫，重重疑難的出路，更須站在生命的高度，對萬變的事理、複雜的人性、終極的方向、整體的人生有所關心、思索、體悟，甚至了然，然後再回觀反思於自身的現實處境，而產生自覺性的洞見智慧。在西方現代心理治療的知識傳統中，亦有理論從生命高度的哲思廣角發展出助人的實踐路數，被歸類於「人本—存在主義取向」的學派即是實例。而在中國哲學中，「儒」、「釋」、「道」等主流傳統思想，在根本上即是以生命覺醒的「大智慧」為要（牟宗三，1974）。專攻易學的當代學者高懷民（2000），在名為〈易經對人類三大問題的提出及其解決之道〉一文內，即論證了「易」對「大智慧」的貢獻。在此短文中，他歸納出伏羲八卦可對稱第一問「人從何處來」的智慧，文王六十四卦充實了「人應如何活」的玄理，而孔子在《易經》中的哲思則指出「人往何處去」的精神方向。此文的見解，對於探究儒家思想之助人工作者的我而言，帶出了理解《易經》的清晰座標——生命智慧的啟發與覺醒。

　　若從西方知識的系譜而言，《易經》的知識屬性是較為接近「系統理論」，而被學者視為「素樸的系統理論」（顏澤賢，1993）。所謂的「素樸」，當然是相對於現代性知識體系中所發展而生的「一般系統理論」、

「生態系統理論」、「耗散結構理論」、「混沌理論」等；或者我們可以用「早就有了」這樣的說明來解釋「素樸」的語義。「早就有了」此語可能會預設了二個重要的值：第一，所以並不新鮮；第二，但是相對的並不成熟。若從這樣的立場來看待《易經》，欲理解「系統理論」的有心之士，可能會視其為陪襯性的知識，而以更「新」的或更「成熟」的理論為主。然而，「早就有了」也可能是重要資產，像是「早就準備好了」而等待被使用卻一直被忽視的資源。但有此假設，必先提出論證，說明在「更新」與「更成熟」的西方系統理論的知識中，我們可能忽視了什麼？

按當代哲學家關子尹（引自陳天機等人主編，1999）的見解，「系統」一詞實為日本人以漢字翻譯歐美西方的「system」而來。而歷史學家許倬雲（引自陳天機等人主編，1999）則認為，「系統」於中國文字應用上本為「系」與「統」二字的合成，「系」原意是「繫」，而「統」為總攝的意思。因此，近代中文辭典《辭海》對「系統」的解釋是：「**多數事物基於一定秩序，相互聯絡，而渾然自成一體者。**」若從「系統觀」的視域，以及「類比哲學」的思維來認識《易經》，自有一些特色，而可與西方哲思理論相對照。雖然五、六千年前黃河流域的先民並沒有出現「系統」的語彙，也非如古希臘般，由哪位先哲發展出「系統」的概念。但是《易經》這部經典，透過數千年世代的眾多作者們不斷詮釋所創作而生，對宇宙、生命、人生與生活的完整知識體，成就了渾然天成的一套「自然有機的系統觀」（顏澤賢，1993）。

「易」的起源已不可考，但是眾家傳言卻相當豐富，而增添了不少神祕色彩。有一種傳說是六千多年前的智者──「伏羲」，對自然力量的觀察所創的神祕符號──「八卦」。「**太一肇判，陰降陽升……，惟皇昊羲，仰觀俯察……，初畫為儀，中畫為象。上畫卦成，人文斯朗**」，宋代大儒朱熹在《周易本義》中對《易經》的起源做了上述的記要，並對其發展做了如下的介紹：

「……降帝為王，傳夏歷商。有占無文，民用弗彰。文王繫象，周公繫爻。……建官立師，命約『周易』。孔聖贊之，是為『十翼』。……，及宋而明。邵傳義畫，程演周經。……彌億萬年，永著常式。」

　　《易經》是以「符號」為表現方式，萬象萬物皆可化為「—」與「--」兩種簡單的符號，象徵著「陽」與「陰」的不同屬性之相對力量。在易學中，「—」與「--」的符號稱之為「陽爻」與「陰爻」，而「爻」的消長即象徵著事理的變化，組合了六個「爻」即構成一個「卦」。「卦」則象徵著「天」、「地」、「人」共在的生命格局。六十四個「卦」即是不同「格局」的象徵符號，而成為千年文化的「載體」，承載著民族的想像，承載著蒼生的命運，承載著知識分子的道理，承載著販夫走卒的希望。「符號」成為文化的載體，進而容納生命疾苦，無分王侯將相、街井匹夫，眾生平等。可問選情、可問股市；若不忌隱私，也可將難以啟齒的情感困擾全盤托出，將一世的哀怨化為期待，藉著「符號」參透解厄密碼。在「符號」的素樸世界中，助與受助之間以最簡單的形式——「問」與「答」完成助人的歷程；兩者之間似乎不必在乎「信任感」，也不用刻意經營「安全感」，更不用考量「會談技巧」。「助人歷程」在「符號」中濃縮成密實的人文關懷，而展現出坦率的對話——疑惑的提問、直接的建議，乾淨俐落！

　　「君子居則觀其象，而玩其辭」（〈繫辭傳〉）。所有的「符號」都可以化約為隱喻，象徵宇宙二元力量的辯證與和諧。天地之間所有的變與不變皆被此隱喻承載著，「隱喻」成為變化的載體，成為永恆的載體，「隱喻」即「本體」。「本體」承載著生存與死亡的格局：「剛柔始交而難生」[9]，承載著動能與動向的格局：「山下有險，險而止」[10]，承載著進取與等候的格

9　請參閱〈彖傳〉中所述之「屯卦」。

10　請參閱〈彖傳〉中所述之「蒙卦」。

局：「險在前也，剛健而不陷」[11]，承載著對立與謀合的格局：「上剛下險，險而健訟」[12]，……。格局中或許有難、有險，但也有健、也有順；格局中或許有凶、有咎，但也有貞、也有吉。「格局」承載著所有的生命元素，無論利於發展的或阻礙生長的，皆被「格局」容納。雖然《易經》在占卜學上極具盛名，但是它所蘊含的哲學內容更不容忽視。卜算之術不過是它的軀殼，哲學才是它的本質（余敦康，1996）。因此，被現代西方科學文明殖民的臺灣助人工作專業發展，如果只吸收歐美式的方法論，而不探究影響漢人生活至深之《易經》中的思維方式，實有文化性的偏頗。思維方式不只屬於個人的，更屬於文化的；不只是現有的，更是歷史的。因此，移植於現代西方科學文明的臺灣助人工作專業，比較容易受到「邏輯實證論」的影響，而進行對現象的「定義」、「歸納」、「驗證」、「演繹」等思維的操作，並且認為符應這些操作原理的就比較理性、比較科學，不符合這種思維邏輯的描述與論說，就相對的不理性與不科學。「邏輯實證論」承自亞里斯多德的「形式邏輯」，與古印度的「因明邏輯」及古中國的「墨辯邏輯」並稱為古典三大邏輯。《易經》的思維又不同於三大古典邏輯，而以相當特殊的方法理解複雜現象，並進行簡易的描述。

　　當代學者周繼旨（1996）將《易經》的思維稱之為「『周易』邏輯」，以強調其運思原理的獨特性。「觀象取類」即為「『周易』邏輯」最重要的特色，表現於對概念的界定，是以整體性、運動性與過程性來拿捏把握現象的存在特質，而不是以某物是否有某種屬性來界定現象範圍之「屬性抽象法」。「觀象取類法」的主要原則是「從類」：萬事萬物皆是「同聲相應、同氣相求」，因此「水流溼、火就燥、雲從龍、風從虎」。所以許多現象雖然屬性不同（例如：老虎與風），但卻共在（例如：虎從風）而視為同象（異）。如此觀象取類的思維方式與「形式邏輯」南轅北轍，因此在西風東

---

[11]　請參閱〈象傳〉中所述之「需卦」。

[12]　請參閱〈象傳〉中所述之「訟卦」。

漸之「邏輯實證」科學當道的現代性社會，被視為「沒邏輯」、「不科學」，而不被社會科學界重視，也消失於助人工作專業，造成與庶民生活的距離、歷史文化的斷裂，實屬可惜。相較於古希臘的「system」概念，《易經》的「系統觀」不只具備「整體與部分」的關係辯證，更有特色的地方在於：

1. 和諧辯證：陰陽相對又互補、兩極相生且相剋的道理，藉著《易經》深植於漢文化中。否極泰來、福禍相依的和諧辯證是《易經》有別於西方世界的二元對立性之系統觀（例如：黑格爾的辯證法），而成為中國文化中最基本的系統性思維：二元成為整體的動態性辯證歷程。

2. 自然有機：「人法道、道法天、天法自然」（《老子》）此種天人合一的自然整體觀，是《易經》的本體思想。有別於西方的自然機械論，《易經》視自然為「有機生成」的，所謂「大化生衍」（方東美，2004）指涉的即是自然的運作並非按著既定的機械原理，而是從變化中衍生變化，所以任何穩定的條件皆有變化，再由變化中生成穩定的條件，穩定中生成變化，……。「生生不息為之易」，自然萬物皆是有機性的生成變化，現代學者顏澤賢（1993）將《易經》視為「自然有機論」的系統觀，代表了東方中國漢文化的核心思想。而上承大易的儒家思想在「觀象取類」中，更強化了人文主義的信念：

> 「類比性思維，就是通過不斷洞察整個人類狀況及個人在其中的特定『位置』的過程，來發展自我瞭解。這就包含系統的反省和不斷的學習。」（杜維明，1997，第70頁）

綜上所論，「系統」做為一種理解現象的概念，絕非現代性文明的科學產品。早在千年以前的古文明，甚至上古文明，無論西方與東方的先賢或庶民，皆已使用「整體性」的眼光來看待萬物與萬象之間的「關係」，並且嘗試以此種概念探究自然的本質與生命的生成變化。西方古世界的「system」

觀，強調自然界的原初、本質、穩定的結構面，而將宇宙的終極視為既定與永恆的原理，畢得哥拉斯、柏拉圖等的學說影響了後代西方理性主義與形式邏輯的高度發展，當代文明的科學化與現代性樣態，與西方古世界的「system」觀有密不可分的歷史性關聯，而成為當代西方世界之所以為現代化社會（modern society）的歷史實然與必然。

中國古世界的「系統觀」以《易經》做為表徵，強調天、地、人的生命變化，而將宇宙與人生結為一體，穩定／變化、秩序／混亂、本質／表徵、永恆／虛無、衝突／和諧、福／禍、得／失、消／長、陰／陽，皆為整體的成化動力。《易經》的思維影響了中國傳統文化的儒家與道家之人本思想與天道觀念。西方文明已為現代性社會的主要形式，但是做為文化殖民屬地近百年的現代化臺灣，仍然存有儒、道文化的特色，而成為人文活動與社會倫理的主要精神，這也與《易經》的「系統觀」有密不可分的文化性關聯，而成為當代殖民化臺灣做為「文化雜交」的實然與必然。

第三節　家庭即道場

受生態系統理論的影響，西方的家族治療多半視家庭為「有機體」，以其為一生命的單位，而自有其存在之目的與消長的變化。「家人」則是此單位中的次單位，在整體與部分的辯證關係中，單位與次單位之間存在著創造性的緊張與互依性的契合（王行，2007）。如前所述，中國的《易經》，相類於西方的系統理論，是一種和諧辯證的有機觀。它以最源初的類比式簡單符號，生動地再現宇宙及人文生命中的複雜動力現象。《易經》中每一個卦象即是一個格局，承載著天、地、人三種不同的存有。人在天地之間，與其共存於一個載體之中，自有其限制（凶、咎等），亦有其發展（吉、利等），更有其目的（道），除非格局變了（變卦），換成不同的意象組成的載體，就有不同的目的、發展與限制。「限制」往往是對現實的生存而言；「發展」則不只是生存狀態，更是以道的成全為依歸；至於「道」，則是

天、地、人一體的道德性本體。

　　在諮商領域中，至少在 1990 年代初即有嘗試從易理中建立輔導哲學觀的論述。楊淑蘭（1990）以〈繫辭傳〉所言的天地人一體之生命格局，推演建構心理輔導的目的、輔導員的人生觀，甚至諮商輔導的方法。這可算是諮商本土化早期的作品，所以比較是原則性的討論。近年來，在「本土心理學研究」社群中，已曾有實務性研究將《易經》的和諧辯證觀，與薩提爾相互比較與參照（張包意琴、陳麗雲，2000），其中提到：

> 　　「中國人重視『和諧』，而『和諧』的觀念在《易經》占有重
> 要位置。譬如：『天地以和順而為命，萬物以和順而為性』；『調
> 和為吉，不調和為凶』都是來自《易經》的思想。我們最感興趣的
> 是《易經》談『變革』的部分。易者變也，整部《易經》，就是談
> 變革之道。……過去一年，我們嘗試在輔導工作中，運用《易經》
> 的一些概念，協助深受中國傳統影響的當事人進行變革，結果令人
> 鼓舞。」（張包意琴、陳麗雲，2000，第 199 頁）

　　在上引之文中，有提到幾個重點可供我們深思：一是，《易經》中的「和諧」並非表示人際社會中的表淺現象，而是具有「辯證性」的哲思義理；二是，《易經》中所言之「順」，也並不只是「順服屈從」，而是與「變革之道」相繫與相依；三是，該文特別針對於「深受中國傳統影響的當事人進行變革」而得知之體證，但我們也可更深入於《易經》之義理，而探究的不只是傳統的和諧處事之道，更是現代心靈安身立命之所。若要深入探究這些義理，就須從《易經》的卦象與卦辭與各爻進行理解與再詮釋。或許我們可以約略的先從「家人卦」討論起，再逐漸地瞭解易理中的有機性之和諧辯證中動力觀。

　　在六十四卦中，《易經》有「家人」的卦象，可見「家」在上古時代即為重要的生命經驗，它是風與火兩個不同意象共構成一個完整的格局。若從

「家人」這風火共構的載體而言，其目的即是成就「天地之大義」[13]。顯然的，「家」的終極目的並非僅是人的歸宿而已，也非為滿足個人的身心需求、快樂幸福，而是實現「天地之大義」。陰與陽的結合就是「天地之大義」，而家人的結合（男與女、長與幼、老與少）即是實踐了這「義」。宋儒程頤（1033-1107）則從風與火的關係來詮釋：

> 「卦外『巽』內『離』，為風自火出，火熾則風生自，火自內而出也，自內而出，由家及於外之象。二與五正男女之位於內外，為家人之道，明於內，而巽於外，處家之道也。夫人有諸身者，則能施於家。行於家者，則能施於國，至於天下治。治天下之道，蓋治家之道也。推而行之於外耳，故取自內而出之象，為家人之義也。」（《易程傳》）

這段話很有畫面地將自然現象（風火）類比人文生活（家人）取其由內而外的發展性動力，而與「修身、齊家、治國、平天下」之內聖外王的儒家思想貫穿為一體。身、家、國與天下實為同質異形、環繫相扣的有機性整體；修、齊、治、平則是本末相通、殊途同歸的人性成長工夫。《易經》賦予「家」的存在性意義，不只是為了個人的生存條件與身心需求，更是為了成就「道」的實現。家人相處一堂如何能「齊」？即是在「修己」的生命功課中找答案。當代儒家學者杜維明對「修身」與「齊家」的詮釋如下：

> 「雖然家庭在儒家的社會中居於中心地位，但它並沒有被看成目的的本身。儒家將家庭看作是人類的自然的棲所；它是相互支持和個人成長所必須的和最合適的場所。」（杜維明，1997，第 138 頁）

---

[13] 請參閱〈彖傳〉中所述之「家人卦」。

依據他的說法，「家」不是生命的目的，而是支持生命的場所，而棲居於家中的「人」才是目的。而儒家思想中的「人」，並非只是個體化的生物性與社會化的單位，更是一種超越性的存有意義。照孟子所言：「盡其心者，知其性也。知其性，則知天矣」（《孟子・盡心》），「人」的存有即是超越以「人類自身」為中心的意義，而能與天道相通。杜維明的說法是：

> 「……人是一個道德的存在，他經由自我努力把自己的人類感性伸展到宇宙中所有的存在物上，從而在世界之中實現其自身並成為這個世界的一個組成部分，其意即為他的自我完善必然體現整個宇宙的完善。」（杜維明，1997，第 109 頁）

而家庭作為棲居之處即是為此「人」的意義做準備，在其中發生的關係變化也皆是「成為人」的學習功課。

傳說中，由孔子所註解的〈象傳〉，對想成就「道」的志士在「家人」這一功課時，有指引性的提示：「象曰：風自火出，家人，君子以言有物而行有恆。」

宋儒程頤對此象的註解為：

> 「正家之本，在正其身。正身之道，一言一動，不可易也。君子觀風自火出之象，知事之由內而出，故所言必有物，所行必有恆也。物，謂事實，恆，謂常度法則也。德業之著於外，由言行之謹於內也。言慎行修，則身正而家治矣。」（《易程傳》）

程頤是宋代大儒，此段解說可代表宋明理學的立場，治家的工夫由己身出發再向外延伸。謹言慎行並非是遮掩壓抑自我內心的世界，卻是反求諸己的態度，處處將外在現象反思於內心世界，而不是一味企圖改變家人，以迎合自身內在的需求與欲望。「家人卦」的象即是由內而外，從己身到家人，

再到更多的關係、更大的社會，所以修身工夫就是治家之道。所謂「治家」也並非操縱控制家人，把每一個不同的個體變成齊頭式的一個樣子，而是在個體差異的前提下反求諸己的致力於自我實現之超越性價值，從儒家而言，「德業」即是君子所求之自我實現的超越性價值。宋代的程朱理學依然秉持著「內聖外王」的理想，作為知識分子的儒者使命即是「得君以行道」（余英時，2010b）。然而，直到陽明心學才將儒家思想「覺民化」，而鼓勵販夫走卒皆可在日用生活中實踐主體性的道德意識——「良知」，而立志成為充分自覺的人——「聖」。換言之，儒家思想可成為一般人的自我成長運動，在生活中行道即是外王的德業，即便是當今社會，也可以「不離日用常行外，直至先天未畫前」（《傳習錄》）。

　　日常生活中所面對的經濟需求、社會責任、疾病、工作等諸多情境壓力，皆會影響著家人互動與家庭關係，而家庭動力更會反作用於個體面對壓力的行為模式。家庭動力受到時空條件、關係條件、性格條件等結構性因素所限，通常這三種條件皆不是由個體而定，但卻能左右個體的動態。然而，儒家思想卻堅信於自我成長之路，必須在日用生活中透過修己的過程而深層的覺知於生命價值。從「家人卦」中，我們可提出一條改變結構命運的方案，從修己出發，以「道」來校正己之言與行，而超越性格條件、改變互動狀態、調整關係發展：

　　　「……家人之間存在著獨立與依賴的矛盾性張力，既黏結又分化的弔詭性發展，在差異中互補又相抑的共存。個人在此關係中很容易隨著有機性的動力變化，而失去自身的主體性、或壓迫到對方的存在性。……這種被西方家族治療理論稱之為『依附性』的關係在生活中經常可見，尤其是長時期相處的伴侶關係，通常他們會抱怨對方不願改變，造成自己的痛苦，而卻盲於見到自身也是造成對方痛苦之源。若從修身正己的工夫，即是雙方各自在關係中反求諸己，努力於不被關係的動力所牽制、形塑成為非如己願之生存樣貌

（自戀、自卑等），盡力於將自身置於對應『道』的正處。被關係的動力牽制、制約、形塑即是實存之命運，而致力超越既定之自然結構命運，實踐主體應然之道，……人能超越系統結構的限制而朝向善境即是『自由』。」（王行，2013，第 180 頁）

第四節　自由：張三的功課

　　若從張三的案例而論，他所棲居之家即是「成為人」的修己道場，關鍵在於張三是否自覺於此，並立志於道。而助人工作者的重點也是在協助這位中年男性，覺知於自身的處境對其朝向更大的自由與善性具有關鍵性之作用，所有的不平與痛苦皆在砥礪於反求諸己而「言有物、行有恆」。從易理的啟示中，我們可以覺知家不能只是滿足需求的工具，而必須有更高的終極性目的，個體才不會在複雜的人我動力中失去了人性最珍貴的潛能——仁。由卦象觀之，風與火的組合，家人的格局動力十足，但也變化多端。「風自火出」的象，以大自然氣流動力譬喻親情人際。「火」有溫度、有亮度，但也具有炎熱燎原的毀滅性；「風」能散播生命、傳遞希望，但也有一發不可收拾的破壞性。火愈旺，風愈大；風愈強，火愈烈。家人之間必有情感溫度，也必有情緒變化；情感深了，情緒自然多變。我們不能終日期待風和日麗，因此也不能只願家庭和諧。「家」就是複雜的人際動力場，它可作為孕育人性發展的支持力量，但也可成為挫傷彼此心靈，扭曲人我關係的動力場所。在面對妻子與手足時，張三很容易情緒化，也正反映著他對家人具有強烈的情感需求，希望得到他們的肯定與認同，甚至撫慰與關心。然而，愈期待家人填補其匱乏性的需求，張三就愈容易失望挫折，也愈容易傷害他所渴望愛的對象。

　　「家人卦」並沒有將「家」視為可滿足被愛需求的浪漫處所，雖然它確實可以滋潤生命的成長，但是「家道窮，必乖」這句話也提醒我們，家人彼

此背離的情形必然發生於我們過度的用「家」來滿足自身之欲望。「家」有其限度，就如同自然中存有的資源一般，無論走經濟或社會心理條件，必有匱乏之時。據此，家人相處之間需求的付出與索求，都應有所節度，並表現在具體的日用生活中。在儒家思想中，「節」的概念充分表現在《中庸》這部經典，而成為立志為君子的方法學，「喜怒哀樂之未發，謂之中，發而皆中節，謂之和」。孔門之道並非一味壓制情緒而不表於外，它所強調的是情緒尚未發生之機的充分自覺於己身價值立場的偏倚，而以「守中」涵養之；而當情緒外發表露時，也能恰如其分地止於關鍵之處。「守中」的前提是「志為君子」，用現代心理諮商的語言來說就是「充分自覺而追求自我實現的個體」，若當事人以此志為人生的目標，在日用生活中面對事事物物的回應與實踐，皆須朝向並對準這個終極目標，即是不偏不倚的守在中道。這樣的意志落實在具體的人際關係中，覺察於情緒之未發之際，將外在的事件反映回觀於內心的感知，透過反思展開行動，此「行動」是有主體意識的行動，而非被動性制約化的反射行動。身處於家人關係中，我們許多的互動行為皆是受動力關係所制約，久了之後即成為自動化的反射性回應，尤其是受到情緒干擾時，更容易不自覺的成為受情緒控制的個體；一則被動力關係制約，再則受情緒所控制，這就是喪失主體性的不自由個體。

　　許多人，如同張三，希望能受到家人的尊重與愛，但是往往卻適得其反。張三對家人投入了許多情感與精神，但是卻經常不自覺地失控於情緒化的反應。只要妻子對老母親有些負向的意見，他就會自動化地感覺被嫌棄，而憤怒的情緒也會隨之而起，接下來就像骨牌效應般暴了粗口。「被嫌棄」是張三從小到大最熟悉的感覺，他一直覺得自己拖累了母親。受盡父親精神折磨的母親，唯一的情緒出口就是張三。她以為不顧家人反對毅然決然嫁給張三的父親，換得的應該是疼惜與關心。這位富家少女內在一輩子的匱乏性需求，寄望於她所心儀的男人。然而，張三的父親卻難以全然專注於疼惜這位表面風光、內心空洞的女人，因為他也是背負著自己的匱乏，期待有人以賞識與肯定的眼光，填補他自小缺乏鼓勵的深層遺憾。婚姻中受挫的母親，

在親子關係中經常顯露的態度是：要不是你們（孩子），我根本不會留戀這個家！但小時候，母親幾次離家出走的經驗，都帶給張三極度不安，覺得自己終究被嫌棄，而努力討好母親的結果，塑造了他自我委屈又不平的性格。尤其是與女人的關係中，無論是母親、妻子，還是女兒，張三總是暗暗地付出，再默默地等待回報。然而，付出與回報總是不成比例，更強化了被嫌棄的焦慮與不安，而以憤恨的情緒表現於外，像隻受傷的野獸，大家也就愈離愈遠，最後只能與老母親共依存於「討好—嫌棄」的糾葛關係中。

從角色功能而論，張三確實努力盡孝而長期照顧了老人家之終養。但儒家思想的精要絕非止於此。「孝弟也者，其為仁之本與」（《論語‧學而》），盡孝是培養「仁心」的基礎，而「仁」則是自身善性的成德潛能。換言之，盡孝不只是完成角色功能與達到社會規範的目的，更是修己的過程，後者才是儒家思想的重點。孔子以「言有物，行有恆」註解「家人卦」，即是從成德出發，立志覺醒與修己成長。由於家人是情感關係的組成，而人際之間的情感總是複雜而多變。西方的知識體系，尤其是精神分析對「情」的原始動力與現實發展之描述相當深刻，「投射」、「轉移」與「認同」的心理防衛機制，可以解釋許多婚姻與親子關係的情節糾葛。相對於《易經》的「家人卦」，風與火皆有不實之象，「火」是虛於中，而「風」則斷於下，譬喻情感變化中的虛實與斷續之間辯證。舉例而言，張三對寡母的孝心，也有可能是將自身的匱乏性需求，投射於受照顧的對象上，於是自我犧牲愈多，內在被關愛的匱乏性也愈大，而產生許多委屈與怨懟，更加強了對外界他者的不滿與憤恨，導致妻女手足皆覺得張三很難相處，經常站在道德優勢的位置貶抑其他家人，於是衝突矛盾不斷。

若人子盡孝，卻沒有開顯內在的仁心，極有可能是被自身的欲望所遮蔽。欲望即是匱乏性需求，儒家思想也認為這是人皆有之的「物性」，但並非人的「天性」，這也是人之異於其他生物之處，孟子說：「人之所以異於禽獸者幾希，庶民去之，君子存之」（《孟子‧離婁》），「幾希」是差別很小的意思，儒家承認大部分的人皆受物性所控制，所以並不自由。而志於

自我實現的君子，則是珍惜於自身的「天性」而保存善養，才能體悟到超越性的自由。而這「天性」又是什麼呢？孟子接著說到：「舜明於庶物，察於人倫，由仁義行，非行仁義也」（《孟子・離婁》），舜是傳說中的孝子賢君，被孔孟稱頌引以為率。我們可把他視為充分自覺的人，即可不被繁雜事物所蒙蔽，也能察覺於人際關係的道理。據此，他是順著仁心義理行事，而不是勉強的做出一些仁義的事情，如此的盡孝自然不會有怨悔與不平。於是關鍵不在於外在的孝行，而是內在的「仁心」，「孝」是「仁」的根本處，盡孝的結果，卻無法開顯仁心，則必須反求諸己，覺察與自身的物性、欲望、匱乏性需求，爾後看清了外在世界僅是自身投射出來的被扭曲之虛像，才能分辨人我關係的實在性為何。

在〈象傳〉中，孔子以「言有物，行有恆」註解在「家人」的格局中，志為君子者特別需要在說話與行事兩方面下工夫。「言有物」即是說「實在的話」而非「虛妄的話」，「實在」就是反求諸己自覺之後所明辨的人情事理，面對家人溝通最大的困難就是被自己的欲念與匱乏所蒙蔽，而看不清人情事理，就順著情緒說出「虛妄的話」，但這些話語往往最損人且更傷己，並且經常是違背自己的本心與情感。而「行有恆」則是立志的堅定，不斷反躬自省於自覺的仁者，在過程中必然受到「物性」所擾，但修身的工夫需要持之以恆。王陽明在《傳習錄》中提到，自覺的主體是「良知」，「良知」也是仁心之所在，有時欲望像天上的烏雲一般，會遮住如太陽的「良知」，但烏雲終究會散去，而太陽始終存在。於是當自覺於被欲望所蒙蔽時，更該堅定於知道烏雲背後即是陽光，則不會跟著欲望而動，卻是本著良知而行事。儒家思想堅信人皆有仁，皆有良知，只是常被「物性」所蔽。而仁與良知這「天性」的出發是在於「情」，孟子所說的「惻隱之心」即是一種「情」，可以體會到他人之苦的情感。換言之，就是「同理心」，「惻隱之心，仁之端也」（《孟子・公孫丑》），「同理心」也就是仁心的開始，也就是人性最珍貴之處，更是天性的本體。然而，「欲」也是從「情」出發，發到枝節處即是「情緒」，情欲的力量、情緒的衝動皆是「物性」，凡動物皆有，所

以人也有。物性之情與仁心之情皆是「情」，差別在於「超越性」，「己欲立而立人，己欲達而達人」、「己所不欲勿施於人」即是超越個體欲望之「情」，「情」是自然律，更是超自然的道德力量。有不忍人之心，行不忍人之事，才會超越自身狹隘的利益，看到他人的處境，而成為更大一些的人。張三本心之善，不忍於老母失依而承擔長期照顧之責，這是人子的自然真情，但是有情則有欲，有欲則不明，不覺於不明則會被「外物」所困而不自由。如何從「盡孝」這辛苦的身心勞動中得到自由，則是從「孝之情」中感知「仁」，從仁出發以盡孝，並同理其他家人的處境與感受，即能超越自身的匱乏性需求與欲望。

第五節　傳統與更新

　　相對於西方古希臘追尋外在客觀真理的智慧，以及現代知識發展的結構主義，透過儒家思想創造性詮釋中的大易系統觀，則是具有濃厚的人文主義色彩，並且以超越性的自由為核心意義。西方漢學家狄百瑞從自由主義的角度審視傳統儒家思想的人文意涵，而有以下的斷言：

　　　　「儒家之教訓深寓人文色彩，認為人在改變世界中扮演著最重要而且具有創造性的角色，因為孔子把人的生命與經驗視為一切可靠的學問之焦點。『人文的』一詞在此的涵意就是『現世的』（"this-worldly"）。但儒家並不把『人文』視為與天道相對之事物；相反的，孔子認為人事本身乃天道之顯示。孔子努力於保存傳統文化的菁華，並肯定人類經驗的永恆價值。在這層意義下，他可以說是一個保守主義者；但是，因為孔子認為過去的理想與典範可作為批判當代制度的基礎，也足以提醒人所秉承於天的偉大天賦，所以孔子同時也是一個自由主義者。」（引自李弘祺譯，1983，引言第 9～10 頁）

　　自五四運動後的一百多年，華人社會與學術社群多以西方知識為文明與進步的指標，而傳統儒家思想則被視為封建保守及阻礙現代化的象徵。近年來，對此偏見似有所反省與調整，海峽兩岸逐漸試圖從儒家文化的遺產中尋找創新的元素（余英時，2010a）。對助人專業而言正是新的契機，能夠重新審視我們的知識材料是否足以回應我們文化的深層結構。《易經》的思維是華人文明之源頭，儒家思想則是華人社會的傳統價值。我們努力的方向即是以現代生活經驗為關切，對傳統經典知識進行創造性詮釋，而能將助人知識與文化生活縫合接軌。從現代知識而言，《易經》即是一套完備的「系統理論」，但透過儒家的詮釋則更能擺脫結構主義的不自由，並超越了個體主義的自由，而具有參贊天地特色的人文主義。儒家的人文主義傳統直至宋明達到新的高度階段，被稱之為「新儒家」的宋明理學重新強調「道」的生命力與創造力，並且「自我」的概念也被充實，而試圖從官僚化的儒法制度中找回批判性的主體道德（李弘祺譯，1983）。我們可以確知儒家思想是在不斷地更新與創造中綿延數千年而進入中國文化的深層結構中，儒家思想是有機性的存在於我們的日用生活中，而非無機性的死在教科書本上。活的儒家思想是與日用生活相通，換句話說，是活是死的區別在於生活的踐行，這也是自孔子以降儒家思想的實用理性精神（杜維明，1997）。

第六章　創生：向「乾」而進

耶穌說：「我的時候還沒有到。」

～《約翰福音》

第一節　從根發芽

　　在我所處的專業環境中，往往在出現「文化傳統」的字眼時，經常會與封閉、專制、阻礙進步、拒絕改變，甚至不重視人權、非人道等負面印象聯想在一起，例如：

　　「……隱藏在背後的傳統價值觀，社會對男女的刻板印象等，都是婚姻暴力的隱形黑手……，傳統家庭制度中充滿了性別專制，以便將女性安排在父權的秩序中，女性先為父親的財產，後來又再婚姻的規範下成為丈夫的財產，終身為男人的附屬品……。」（陳若璋，1994，第 26 頁）

　　「中國傳統文化對兩性的社會行為是有雙重標準的，例如：男性被塑造成要強、要悍，男人生活的世界中不能有所謂的怕、不可以哭的；而女人則被塑造成要柔、要弱……。」（周月清，1995，第 55 頁）

　　「在傳統的父權婚姻之下，家庭內事務有權拒絕外來的干涉，故將婚姻暴力視為『家庭隱私』，因此應予選擇性的忽視。」（吳慈恩，1999，第 17 頁）

　　上述這些論點絕非少數的偏見，而是現代助人專業領域的主流意見，並且相應於具體現實社會生活中的處境，確實不少人受到傳統文化的影響，而難以得到個人生命的自主與自由。我們難以否認「傳統」對眾多弱勢的壓迫，但是似乎更困於拋開「傳統」的包袱，而立即擁抱一個嶄新且更文明的生活。我見過許多處理家庭暴力事件的社工人員或諮商人員，都有過如此的感慨：「受『傳統』束縛的受害者，卻更緊抱著『傳統』而無法跳脫」，象徵進步文化的社會工作與心理諮商，似乎也難於將受困的案主從「傳統」中解放。於是我們必須更認真看待「傳統」與「進步」之間的關係，誠如文化社會學者希爾斯（E. Shils）所言：

　　　　「誰能創造出完全的文化和完全當代的制度呢？要創造這種無
　　歷史的文化，並且在這些無歷史的制度中活動，將會需要和何種類
　　型的具備了高等智力、豐富的想像力，並且沒有感受過任何過去文
　　化的人呢？」（引自沈清松主編，1995，第3～4頁）

　　希爾斯提醒了專業助人工作者一個重要的前提，被我們稱之為「傳統」的東西，它不只是一套價值觀或意識形態可隨著新意願而改變。事實上，「傳統」先於我們的存在，甚至於所謂的「助人專業知識」亦是「傳統」的一部分，因為它發生於「人」且作用於「人」，而「人」脫離不了歷史。依據黑格爾之斷言：「我們之所以是我們，乃是由於我們有歷史」，再加上當代學者朱德生所說：「有歷史必然有傳統，有傳統才有歷史。這似乎是不可言喻的」，即可明白：以「改變」為目標的助人工作，若想要說服案主們拋棄傳統擁抱新生活，是如此地無知於「歷史傳統」的深層性與必然性。近一百年前的五四運動，中國自由主義學者即曾經義無反顧地丟開傳統包袱，而五十多年前解放中國的革命者發動了文化革命，這些運動與革命的結果是有了新的制度，但傳統依舊存在於生活及人心中。朱德生對於「傳統」的理解對我們助人工作者很具啟發性：

　　「『傳統』是指某種過去的東西嗎？如果以為僅僅是如此，這
肯定是一種錯覺。真正過去了的東西，即對現在生活不再起作用的
東西，那麼，它雖然也是一種文物或文化現象，卻不能稱其為傳統
了。『傳統』雖然產生於過去，必然仍影響甚至決定著今天的生活
的東西。這種東西，即可能是行為準則、思維方式，也可能是價值
取向。因為，任何一代人都不是從零開始的，都是在既定的歷史條
件下開始生活的。」（引自沈清松主編，1995，第 5 頁）

　　的確，任何一代人都不是從零開始，而任何一代中的任何一個人也不是
從零開始。我們的助人工作即是面對一位歷史傳統中的人，無論其困難、問
題、症狀皆有其歷史傳統，所以要改變一個人即是試圖動搖一整個歷史傳統。
這種工作過程絕非像外科切除手術般，把產生問題的毒瘤用些方法或工具技
術除掉即可。對「改變學」頗有見地的系統治療學家華滋拉維克（P. Watzlaw-
ick）與威克蘭（J. Weakland）等人，在闡釋「變」與「不變」之間的弔詭
時，分析「文化大革命」雖然是以馬克思主義為宗，但是陷入「用中國思維
來改變中國文化」的「第一序改變」之局面（引自夏林清、鄭村棋譯，
1996），就如同魯迅所言：「人要抓著自己的頭髮離開地球是不可能的」。
據此，我們是在活著的傳統中學習西方新知，助人專業訓練也是如此，活在
傳統中卻想要用拋棄傳統的方式解決問題是不可能的。

　　心理治療是一種內在的革命，面對過去經驗所塑成的習慣性（如習慣性
的認知思考、習慣性的情緒反應、習慣性的行為模式等），其對於現實處境
及主體意願的限制、束縛，甚至壓迫所造成的諸般痛苦，心理治療都試圖將
自我從這些痛苦壓迫中解放出來。但是，這些經驗習慣就是個體的歷史傳統，
心理治療也可以說是一種文化革命。從人類曾發生過的種族解放、民主革命
等，我們從歷史教訓中流淚流血所換得的成果可以維持多久？若沒有從根處
發生更新蛻變的新機，表面上開出的美麗花朵，雖然令人欣喜卻也總是短暫！
翁開誠老師經常在課堂上從《易經》「大過卦」中之「枯楊生華」的生命狀

態，類比百年來華人面對西方強大知識文明時「救亡圖存」的心態，使得無論革命建國、倡導「科學」與「民主」，以及推動「全盤西化」的制度改變，皆像是在枯槁的楊樹枝上開了幾多鮮花。「大過卦」中相對於「枯楊生華」的狀態是「枯楊生稊」，「稊」是在根處長出新芽，有了新的生命力，但一時之間，在土表之上卻完全不露跡象。我覺得心理治療也可如此譬喻，心情、意念與行為上即時可以感受到的效果，如果不是從根處而來的新機，則通常維持不久就回到固有之慣性。佛洛伊德的精神分析是 20 世紀最重要之人性理論，1889 年起他為歇斯底里症的女病患凱西里亞（M. Caecilie）所嘗試的「談話治療法」，現在已成為心理諮商與助人會談工作的傳統技術。然而，在中古世紀的天主教告解中，神職人員專注傾聽信友壓抑的疚惡恥感，即是重要的儀式之一（陳系貞譯，2001）。換句話說，當「談話治療」在維也納進行時，它是發生在歐洲歷史傳統信仰的根處。若我們同意黑格爾之斷言：「我們之所以是我們，乃是由於我們有歷史」，歷史傳統是人的根處，於是華人的心理治療如何能在根處發新芽？似乎是值得努力的探究方向。

　　從古典的根處注入新生的啟發性智慧，在中國思想史上，孔子即是最具代表性的人物。西方研究自由主義的知名漢學家狄百瑞對孔子的評價是：

　　「孔子努力保存傳統文化精華……。在這層意義下，他可以說是一個保守主義者；……孔子同時也是一個自由主義者。在此所謂『自由主義』一詞可以是『改革者』的意思……在孔子之後的時代裡，儒家也都是改革者，他們提倡為生命立命的社會福利政策。」（引自李弘祺譯，1983）

　　孔子對於當時的統治階級採取批判的態度，而努力在上古文化的傳統根處找尋拯救社會的新秩序，希望從倡導禮樂之治的文明中，創造性地詮釋出自發性的道德主體力量——「仁」（杜維明，1997）。「人而不仁，如禮何？人而不仁，如樂何？」（《論語・八佾》）之經典命題成為儒家思想的

核心價值。爾後世代儒者不乏改革者，除孟子之外，被稱之為「新儒家」的宋明理學，更對儒家本身的思想從根本處進行內部的改革，以回應當時的政治社會局勢及文化思想潮流，而造就了儒家理論的高峰。近代的中國則出現了「當代新儒家」，其更徹底地深入傳統儒家思想，試圖與西方知識相較接軌，例如：牟宗三、唐君毅、馮友蘭等大師，皆是上承歷代儒者之改革者。而現今亦不乏後繼學者在探究傳統思想的更新與再造，並更積極地與現代性學門及後現代思想對話。在心理諮商與助人工作領域中，像是：林安梧、金樹人、黃光國、宋文里，以及我的指導教授翁開誠等前輩，近年來已有產出相關之研究著作，皆從中國哲思之根處回應於現代的諮商知識，試圖開展出一條從復古中更新之路，而將傳統思想活化於現代人的知識體系中。

　　「傳統」總是在現代人心中並且潛存於生活的深層結構內，透過語言與象徵符號幾乎可以辨識它的再現軌跡。像是《易經》中的文字，多經常出現在我們華人生活裡，例如：陰陽調和、否極泰來、頤養天年、群龍無首等。當瞭解它、使用它，我們就已進入其特有的思維脈絡。它如同童年時的母語，總能喚起一些記憶，甚至深層的歷史情感。記得第一次在諮商工作中使用卦象為譬喻時，當事人的表情從原本的冷漠到專注，年近半百的男人告訴我：「這些東西在家鄉經常看到……沒想到有那麼多意思！」這位餐廳廚師被社會局要求接受輔導，主要原因是「家暴」。聽到「明夷」這個卦象後，身為「相對人」的他向我訴苦：

> 「社工都站在太太這邊，告訴我不該暴粗口、動手打人……。可是，她只要一喝酒就會『番』！一直跟我『盧』……我忍了很久……每天幾乎都這樣……！」

　　「明夷卦」是「火入地中」，我先畫了一堆火，再畫了一個大烤窯把火罩住：「這就是你的生活處境！」接下來我們一起聯想「火」可代表什麼？燒熱、脾氣、光亮、熱情……！他承認自己對太太很熱情，但她平常都嫌他

身上去不掉的油煙味……。藉著「火入地中」的意象，我們聊了很多，最後我把「明夷」的六個爻畫出來，並且告訴他傳說中周文王被幽禁七年時，就是用「明夷卦」來砥礪自己。他幽默的說做廚師這行也二十幾年，廚房的悶熱就像是「明夷」，然後回到家也繼續「明夷」。這就像是佛洛伊德用西方世界的神話比喻人性深處的「情結」，而使複雜的精神動力學被當時的歐洲人瞭解與接受，我認為若需要以「譬喻」作為會談方法時，貼近在地本土的符號與神話，通常比較能有更豐富的聯想與意義性的創造。

第二節　乾知大始

　　通常我們所稱的《易經》，大概以《周易》為主。眾所周知，此書自秦漢以來即被視為儒家的六部重要經典之一（詩、書、禮、樂、易、春秋）（顏國明，2006）。但是，當我說自己目前正在讀《易經》時，大部分的人都會問我是不是對學算命有興趣。《周易》確實始於卜筮之術，但經過儒家及道家的義理化，已達到本體哲思智慧的高度境界（牟宗三主講，2003）。儒家將算卜之「術」創造性的轉化為生命之「道」，孔子積極投入於這樣的「研究」成為關鍵性的結果。這項為儒家思想奠定思想高度的研究成果，展現於《十翼》這部註解《周易》的論述中。《十翼》相傳為孔子所作[14]，「翼」似乎象徵著輔助性的工具，藉由「翼」自可超越於目前視域的高度。這十個可輔助超越的翅膀包括了：〈彖傳上〉、〈彖傳下〉、〈象傳上〉、〈象傳下〉、〈繫辭傳上〉、〈繫辭傳下〉、〈序卦傳〉、〈說卦傳〉、〈雜卦傳〉、〈文言傳〉等，也統稱為《易傳》。「善為易者不占」（《荀子‧大略》）這句話雖然意指修行到高超的境界，連占卜的作為都可免了，即能通曉天機，但是我覺得也很能表現儒家面對命運時的人文素養與精神智慧。誠

---

[14] 此說已被後世考證者所疑，目前亦有「非孔子所作」，而為後代儒者，甚至集其他家（道）所成的論點。讀者請參閱顏國明（2006）。

如張載所言：「存，吾順事；歿，吾寧也」（《西銘》），通曉生命之終極意義，隨著事理踐行於道，即能安身立命，哪還需要費神於算盡天機。因此，《易傳》中如同格言般的文字（例如：「天行健，君子以自強不息」），皆可作為儒家思想中修身養性的參照，提供我們身處於不同生命形勢的努力成德之道。從助人工作而言，替別人或自己計算福禍風險，或是協助彼此找到安身立命之道，這是兩種不同的意義價值，而我認為後者更具人文自由的風範高度。

六十四卦以「乾卦」為首，「坤卦」次之；按〈序卦傳〉的說明為：「有天地，然後萬物生焉，盈天地之間者唯萬物」，〈說卦傳〉則言：「乾為天……坤為地」。然而，「乾」不只為天，「坤」也不只為地；「乾」也可為馬，也可為圜……；「坤」也可為牛，也可為布……。如果我們不用類比方式理解，而以對位式的邏輯，則一定覺得這些說法很跳躍、混亂，從天跳到馬，跳到圜，甚至跳到父，跳到首；從地跳到牛，跳到布，甚至跳到母，跳到腹……。這樣如「跳躍式聯想」其實是「以類取象」的譬喻方法，「乾」與「坤」以及其他的卦都可以比喻很多現象與事物，而非單位式的「A＝B」之存在。這樣像「詩」般的類比描述相當具有人文性，如同我們說：愛情像玫瑰，愛情像檸檬，……。玫瑰與檸檬之間沒有任何的關係，但卻共同有一種特殊的性質或感覺，而這樣的性質或感覺令人聯想到愛情關係中的某種經驗或體會。

「乾知大始，坤作成物」（〈繫辭傳〉），「乾卦」是生命六十四格局變化之始，它象徵著宇宙萬物生成之契機。於是，「乾卦」中的〈象傳〉就說到：「大哉乾元，萬物資始，乃統天。」其中的「天」意指宇宙的運行，任何事物的發生都與宇宙運行有關，而「天時」則是宇宙運行的軌跡現象，能夠敏於觀察而瞭解到將要發生卻尚未發生之機，就是「洞燭天機」。「乾卦」即是闡釋萬物創生的「天時」條件原則。據此天象道理，對於立志成德的君子而言，有何學習呢？〈象傳〉即指出與天地合德的基本工夫：「天行健，君子以自強不息」，乾道的智慧極深，而我們起碼可以從「天行健」來

自我砥礪堅持學道而不止息。「彊」即是「強」，這個「強」並非外表行事的「強硬」，而是精神信念的「堅定」；也非強他人所難，而是自我堅定於立志求道。按曾子所言：「夫子之道，忠恕而已矣」（《論語·里仁》），儒家所求的道即是「忠恕」，「盡己之謂忠，推己及人之謂恕」（《朱子語類》），簡言之，盡於己心之善，並由此感受他人就是「忠恕」。用現代的語言來說，覺察於自我的主體性道德，並同理於他者的處境，這是追求生命實現的「強者」。從對「乾卦」的體悟中，儒家則提醒我們要像天道運行般的堅定於追求生命實現的超越境界。

對助人工作而言，致力於促使當事人及其家庭關係「改變」的發生，《易經》則提醒我們第一件事情即是「萬物皆有時」。即使有精湛的專業技術，但介入的時間不對，就會導致事倍功半或徒勞無功的結果。因此，專業方法只是工具性的能力，能夠瞭解「天時」而順勢而發，這才是助人的智慧。這樣的智慧在「乾卦」的〈卦辭〉中以四個字表達出來：「元，亨，利，貞」。元是始之意，亨即是通，利表示有結果，貞則是固守正道。因時能始，因時可通，因時得利，因時必貞，所以「乾卦」〈彖傳〉說：

> 「雲行雨施，品物流形，大明始終，六位時成，時乘六龍以御
> 天。乾道變化，各正性命，保合太和，乃利貞。首出庶物，萬國咸
> 寧。」

這段狀似空泛的玄言斷語，其實是用最簡化的文字描述宇宙生成的本體，若借用海德格的語言，即是「時間與存有」和「寓居於世」的本體性命題。其中，「六位」與「六龍」皆是譬喻著六個爻，在卦象的格局中，六個「爻」象徵著不同的「位」，即是六種不同的存在位置。而「時」則是「位」的條件性原則，所以說「六位時成」，換句話說，時機不到就「上不了位」或「換不了位」；而六個不同的「位」皆是「各正性命」，借用西方人本主義學家馬斯洛（A. Maslow）的語言即是「如其所是」（such-ness），

也就是生命本真的樣態，這樣的本真樣態是充滿自我實現的「潛能」。對中國人而言，「龍」往往象徵著生命力與創造力，「時承六龍以御天」也就說明了不同存在位置皆各有生命潛能，而藉著天時開顯出來。就如同我們所服務的案主，各在其不同發展的生命狀態，助人工作的介入並非改變其成為「如我（工作者）所願」，而是協助對方「在其位」地開顯「如其所是」的生命潛能（龍）。

在六十四卦中，每卦必有六個「爻」，而每個爻皆各有「陰」或「陽」兩種不同的屬性，並且各爻所居的位置，亦有陰位或陽位之差別。從下往上計算，單數一（初）、三、五等位屬「陽」，雙數二、四、六等位屬「陰」。據此，陰爻若處陰位或陽爻若處陽位，通常比較有吉象；若陰爻處陽位或陽爻處陰位，則較偏於凶。但這是一般性的通則，「易」是以「變化」為重，所有的通則都會因諸多相關之元素及整體的格局而產生差異，因此吉凶禍福的斷定，得要視各種狀況而判定。但是，所有的吉凶禍福皆與陰陽之變化有關，陰與陽之間的既相生且相抑的辯證，成為華人的生命本體與自然運行的終極性道理──「太極」。〈繫辭傳〉說：「一陰一陽之謂道，繼之者善也，成之者性也」，此中的「一」做動詞用（劉君祖，1997），意思是生陰生陽就是道。從系統動力學而言，我們可以把「陰」與「陽」這兩種不同的類比當做兩類不同動力的屬性，「陰」是收攝性、內涵性、承載性與包容性的動力，而「陽」則是開創性、外顯性、目的性與剛健性的動能。有了陰性的動力，也有了陽性的動力，兩種動力交會成就了各種不同的生命動能。對華人文化而言，很容易理解任何一物皆有屬陰或屬陽之區別，例如：風水、食物、時辰、疾病、性別等，這樣的概念早就在我們生活中，但這只是一般的說法。「陰」與「陽」的動力，進一步而言，則是任何存在狀態的動力條件，任何的存在皆可類比為「陰面」與「陽面」的相襯與相生，「陽」是外顯可見，「陰」則是內隱於幽。現代生態系統理論大師貝特森（G. Bateson）即以「對稱性」的概念，闡釋生命現象中處處可見相襯又相生的共在關係（章明儀譯，2003）。而分析心理學家榮格著名的「Anima」與

「Animus」理論，更可呼應千年古老文明「陰生陽，陽生陰」的「太極」智慧。「陰陽」的對稱消長，對助人工作很具啟發性，可加深我們的視域，例如：我們可以從「外陽內陰」與「柔外剛內」的原則來理解男女之性別特色及其角色個性，外表愈強硬的特質，內在可能愈具有柔細的情感潛能，而不會陷入男女二元化的性別意識。另外，在會談中案主能說出的即是「陽」，而尚未能說出的即是「陰」，於是說出的陽面與未說出的陰面才成為完整的存在狀態，有如西方完形心理治療中所論及的「主題」（figure）與「背景」（ground）之間的關係，所以我們聆聽的不只是語言，更是語言之未顯。

第三節 初九：潛龍勿用

「乾卦」六爻皆「陽」而有至剛之象，象徵著生命力與改變潛能的發展，從初爻與二爻的創始，經過三爻與四爻的苗壯，而終於五爻和六爻的究盡。事實上，《周易》任何一個卦象，從爻序而言，皆由下往上發展而經歷「始、壯、究」三階段的成熟歷程，爾後即進入下一個格局。「初」即「一」是單數屬「陽位」，以「九」代稱，而位於初的爻亦為「陽」，故稱「初九」，其「爻辭」為「潛龍，勿用」。若「龍」象徵著改變或創造的潛能，「爻辭」提醒我們「勿用」。〈小象〉的解釋為：「潛龍勿用，陽在下也」，陽的動力還潛伏在下。換句話說，不要將尚未成形的潛能貿然地開發利用，這樣反而會扼殺了成長的機會。對助人工作而言，我們若相信任何一個生命都有改變的潛能，外表愈抗拒的案主，內在改變的潛能也愈強。但若助人工作者過早的推動、鼓勵，甚至操縱、控制其改變的意願，就會導致揠苗助長的反效果。就如同為了「不要讓孩子輸在起跑點」的父母，過早送孩子去上各種才藝班，反而使其失去主動爭取學習機會的意願與能力。潛龍被用的結果可能只是曇花一現的變化，或是引發強烈的抗阻而拒絕改變，甚至表面配合的政治性展演。過去我曾協助過被強制接受輔導的家庭內施暴者或性侵加害人，即發現「強制性」的措施表面上使處遇流程可以順利進行，但

是內藏著相互操控的心機，而不只破壞彼此的信任，更埋沒當事人內在改變的潛能。「潛龍勿用」是基於我們對於生命及人性的信任，潛伏在下的改變動能與創造力量是不被看到，只能被信任。助人工作者是基於信任而願意陪伴在旁，等待著潛能漸漸動起來，也就是我們常說的「伺機而動」。《易經》之機會條件首屬天時，時是「天定」的，而非「人訂」的，被人所規劃、管理、制度化的時間，總是無法超越天時。對中國的人文主義而言，並非以人的力量掌控時間秩序，而是以人的智慧參贊於自然消長、宇宙運行的道理。若從這樣的哲思出發，以現代管理主義的方法，掌握助人工作的時間進度與成果績效，對「潛龍」而言皆是傷害。

　　對於張三的案例，我們相信其內心依然對妻女及手足有「仁心」的潛能，外顯的仇恨愈深，心情的糾葛也愈大，改變的動能也愈強。於是，助人工作者以「潛龍勿用」的信念，不必去誘發或促使其改變人我關係與生活態度，只要相信天時一到，張三自然地會想要自我改變，若我們適時等待陪伴於旁，則能見到「機會」。但若心有旁騖，或有急攻之心，縱使有「龍」之跡，也會被我們的欲望所損。

第四節　九二：見龍在田，利見大人

　　「乾卦」二爻為陽，居陽位，故稱「九二」。在六十四卦中，凡初爻與二爻亦可象徵「地」位，三爻與四爻為「人」位，而五爻與六爻則居於「天」位，任何一個卦皆包含了天、地、人三位聚在的完整格局，俗語上所說：「天時，地利，人和」即是源於「卦」的格局概念。「乾卦」二爻居「地」之上，所以說「見龍在田」。「田」是古代一般人的勞動場域，也就象徵著基層社會的生活操作。象徵生命力與改變創造潛能的龍，此時已「出潛離隱，澤及於物」（《周易本義》），在現實生活中出現改變的跡象，於是原來的事物皆受到了滋潤性的影響，也就是〈小象〉之云：「見龍在田，德施普也」，按宋儒程頤對「利見大人」的解說是：

「見於地上，其德已著，以聖人言之。舜之田漁時也。利見大
德之君，以行其道；君亦利見大德之臣，以共成其功。」（《易程
傳》）

　　從這段文字我們可以讀出宋代理學家的政治哲學思想，非常強調君臣皆
以德性為本體價值。爾後，集大成之朱熹對「利見大人」的解釋則更有層次
的分出兩個不同的角度，其一是：「九二雖未得位，而大人之德已著。常人
不足以當之。故值此爻之變，但為利見大人而已，蓋亦謂在下之大人也」
（《周易本義》）；其二則為：「此爻與占者相為賓主，自為一例。若有見
龍之德，則為利見九五在上之大人矣」。這兩種不同角度之間並不相互矛盾，
一是由九二之龍而言，雖然龍只是在田，不是飛上天，但是已有聖人之德。
唐代孔穎達對此的註解則更明確：「言龍見在田之時，猶似聖人久潛稍出。
雖非君位，而有君德，故天下眾庶利見九二之大人」（《周易正義》），因
為在底層社會出現了有德性之人，所以對日用倫常生活世界相對有利。二則
是從爻位而斷，《易經》各卦中通常是初爻與四爻相應對，二爻與五爻相應
對，三爻與六爻相應對，於是各爻的解釋及吉凶判斷也需參考相應對之爻的
狀態。據此，乾卦之九二與九五兩爻相應，所以九五可成為九二之大人。在
卜算中若求事業，處於九二之才需要等待九五之尊的賞識提攜：「九二居下
卦之中，和居上卦之中的九五相應，若蒙九五提攜，事業發展會更加順利，
故稱利見大人」（劉君祖，1997，第 11 頁）。
　　綜上「利見大人」之說，對於助人工作皆有啟發意義。若我們把「大
人」詮釋為立志於實現生命價值而追求自我覺醒之人，基於此志，他已在具
體的生活中實踐著正向的改變動能，這即是「大人之德已著」而「天下眾庶
利見九二之大人」，生活中相關之「有意義的他人們」（significant others）
皆因其而蒙利（得到自我成長與改變的機會）。從家族治療而論，如果家人
中有某一位成員，逐漸覺察於家庭動力如何制約了彼此關係，而影響自我的
主體發展，有了改變的動能，並希望家人們有機會能朝向實現生命價值之路

發展，這樣的成員即會成為家庭結構性改變的種子，成為家庭系統中的助人工作者，也就是這個家庭的「大人」。當然，我們也可從相應的爻位來看，「九五」能成為「九二」之賓，像是專業工作者與當事人之間的相應；「九二」之「龍」需要被「九五」輔助成長，所以「九五」必定也有其「龍」。換句話說，專業助人工作者其本身的自覺與生命價值的實現目標，決定了是否有條件可以成為當事人之「大人」。系統取向的家族治療大師華滋拉維克（P. Watzlawick）等人即認為，有些案主已朝向第二序的改變狀態，但是治療師只有第一序的眼界，反倒用諸多方法與技術控制案主停留在第一序的穩定中，而阻礙了超越性改變的契機（引自夏林清、鄭村棋譯，1996）。若用《易經》之語，這樣的治療師絕非當事人的「大人」，而只是使用治療工具操縱人性的「小人」。「小人」並不是為非作歹之輩，而是目光不夠遠大，心中並無大志之人，他只想活在自己可以掌控的熟悉世界中。有時「專業」的訓練，也會使我們成為精於一事一理的專家，而目光開始短淺，心胸也難以開闊。而「大人」首在立志於「大」，助人工作之「大」與「小」之別，我認為後者是症狀的控制、問題的解決、短期的效果；而前者則是自覺於主體性的開展，以及追求生命價值的實現。若以張三的案例而論，助人工作者要先明於己志，是只想用處遇的流程與治療的技術控制其症狀？抑或願意學習成為張三的「大人」？若是後者，則我們必須回觀自覺於內在之「龍」，能感知到自己的「龍」，才能相應賞識到他者之「龍」。

第五節　九三：君子終日乾乾，夕惕若。厲，無咎

如前所述，六爻共構為卦，而每卦又可分為下卦與上卦（或稱內卦與外卦）。「九三」居於下卦之終，也可歸為人位之初，顯然此爻對「人」而言更具意義。乾卦「九三」的爻辭以「君子」稱之，即象徵已立志於實現生命價值的人，主體性的創造潛能已達到覺醒狀態，因此終日奮於以剛強的意志

實踐人生理想，即便到了夜晚也都保持反思性的警惕，不斷地砥礪著自己而免於懊悔。「厲」也有嚴重、有問題的意思（牟宗三主講，2003），也可表示一種不穩定的動盪性（劉君祖，1997）。剛開始自覺於主體道德並立志於成德而終日踐行，此時也容易因為有所改變而影響了既定結構的安定性，所以一定會出現種種問題而考驗著決心與意志，反覆磨鍊著自己的智慧與方法，〈小象〉說：「終日乾乾，反復道也」，就是描述著這種面對不安而努力踐行的擺盪過程。

　　如前所述，我們可以將「九三」之「君子」視為已自覺於生命主體的意義，而開始追求成長性改變的人。在家族治療的實務中，若有某位成員覺察於家庭系統的動力結構與自我主體性的矛盾衝突，而開始有些突破性的改變，例如：久被壓迫的婦女覺知於主體意願，而毅然決然的拒絕家人無度之索求，此時的她已是在「九三」之位。然而這樣的改變，並不一定會有立即性的如願結果，反而可能會導致更大的風波。改變舊有慣性而產生新價值的實踐行動，接而繼起的並非是平安果實反倒是動盪不安，於是「夕惕若」般經常地反思於自身的改變行動與心志。自我覺醒式的「反思」是一種「反求諸己」的內觀工夫，外在現象是一面鏡子，我們可以透過它反映自身處境與內心良知。如果做了些突破性的改變卻遭受到外在更大的險阻，當事人可能會怨天尤人的失去改變之動力。在家庭會談中，我們經常聽到當事人說：「我都改了，可是她還是這樣……！」這樣的「改變」其實是「操縱」，靠改變自己來改變他人。孔子說：「為仁由己，而由人乎哉」（《論語·顏淵》），追求生命價值是自主性的道德行動，並不是因他人的作為而產生的被動性作為。乾卦「九三」是實踐德性的「君子」，也就是自覺於主體動能的行動者，其行動判斷不以效果為導向，而是以價值理性為依歸。「知其不可而為之」（《論語·憲問》），合於道德主體價值性意義的事理，即以實踐行動彰顯自己的主體意願，行動後的情境效果則成為回觀反思的自身功課。

第六節 九四：或躍在淵，無咎

「九四」居上爻之下，也是人之上位，並接近「九五之尊」。「乾卦」九四的爻辭很有畫面：深淵在旁的情境、跳或不跳的心境，此等情境與心境竟然構成了「不懊悔」的處境。宋儒程頤註解：「淵，龍之所安也。或，惑辭，謂非必也。躍不躍唯及時以就安耳，聖人之動，無不時也，舜之歷試，時也」，比起「九三」，「九四」又更上層樓，生命潛能已展現了開創性改變的力量。當此階段，充分覺醒之人已然瞭解「人生為何而作」，以及知道「生活中何事該作」，但是對於「何時可作」卻仍會有些「疑惑」。《易傳・文言》有一段記載了孔子說明「君子之惑」的道理：

> 「九四曰：『或躍在淵，無咎。』何謂也？子曰：『上下無常，非為邪也；進退無恆，非離群也。君子進德修業，欲及時也，故無咎。』」

「淵」是龍之所安，也就是生命價值意義之歸處。以生命成長為志的覺醒者即處在「淵」旁，及時或上或下、或進或退。而孔子表明了行動變化，上下並非為了「邪」而是為了追求正道；進退並不是不合群，而是更重要的生命價值。「進德修業」就是儒家所追求之生命正道，以此為行動目標，並以「時機」為改變行動的判準，所以「或」是及時性的回觀反思，而「躍」則是及時性的實踐行動。

相對於「終日乾乾」的「九三」，「九四」顯然更有「時機感」的行動智慧。在家庭關係改變之初，當事人對許多老舊的習慣皆想去之後快，但是經過了回觀反思的鍛鍊，逐漸明白「及時」的智慧。「及時」是把握良機，而不是掌控進度。「及時」好比家族治療中「good moment」的概念，在家庭會談工作時，當爸爸說出與媽媽之間的疏離感時，治療師觀察到坐在一旁的

女兒眼眶紅了，立刻敏感到「良機」，而馬上邀請女兒說出她對於大人們的感受，從而翻轉了家庭問題的焦點。我們經常可以發現，長期性在認真自我成長與改變的當事人，也帶動了其他家人的改變。有經驗的成長者在日常生活中，總會敏感到「良機」而幫助自己與家人覺察，進而翻轉了問題的焦點。若是以「成長性改變的動能」來說明「龍」，「初九」強調對潛能的信念，「九二」是欣賞到潛能的展露，「九三」則立志於成長的價值目標，並展開實踐行動，而「九四」已從行動經驗中累積了實踐理性的智慧，並更有條件朝向「九五」發展。以張三的案例而言，若經過「九三」之回觀反思，覺察於行孝之至情中亦被己身之欲所蒙蔽，以致於難以及人之心，並導致夫妻失和與手足失睦之勢，而常有憤恨抱怨之情。從而立志改變於追求超越性的道德主體，「為仁由己」地踐行長期性的照護勞動而「終日乾乾」。到達「九四」之境則在「或」中學習分辨「時機」，「及時」於事親與顧己之間的進退之道，而朝向更自由的道德生命。

第七節　九五：飛龍在天，利見大人

　　乾卦「九五」陽爻與陽位，並已近於天。我們常說「九五之尊」即是此位，在封建意識中亦象徵著國家統治者——「君」。若從德性而論，已成德之聖且位居權力核心，像是龍在天上飛一般。儒家思想自古即期盼著「大德之君」而能使「天下得利」，而儒者之志業即是致力於輔佐與監督國君成德。「聖王」的政治哲學影響了封建中國數千年，到了明代的王陽明才逐漸有了革命性的意識轉變，他從己身的政治危難中體悟了「心即理」之道理，而上承孔孟的「為己之學」創造性的將外求之知轉回內在良知，而徹底發揚了「人皆可以為堯舜」的道理。於是，儒者不必苦守著君，尚可專心於己身的成長與致力於庶民的自覺，這就像是草根性的覺民運動（余英時，2004），也可比做心靈成長運動。事實上，陽明「心學」的後繼者，許多皆不出仕而隱居於街市鄉里之間，投入教化庶民「知行合一」的行動哲學。

與「九二」相似，「九五」的爻辭亦有「利見大人」之斷語。既然已飛在天上，為何需「大人」之利？《易傳‧文言》中的說明是：

> 「子曰：『同聲相應，同氣相求。水流溼，火就燥，雲從龍，風從虎，聖人作而萬物覩。本乎天者親上，本乎地者親下，則各從其類也。』」

顯然「九五」與「九二」同聲同氣，本質上皆有成德之能。若少了在地上「九二」的相應，而只有「九五」在天上獨飛，並不足以成天下事，程頤的說法是：「聖人既得天位，則利見在下大德之人，與共成天下之事」（《易程傳》），能成天下事並非靠著飛在雲端的「聖君」，「聖君」之「聖」在於能鑑賞有德之人，能發掘有德之人，能給有德之人實踐理想的空間。所以〈小象〉才說：「飛龍在天，大人造也」，「造」即創造，天上的「九五」與地上的「九二」共同創造天下之利。從這樣的說法來看，儒家思想的領導哲學並不威權與獨斷，而可與現代助人專業中的某些人本思想相應，例如：以「案主為中心」的治療哲學，或是「培力觀點」的社工處遇，皆認為握有知識權力的「助人專家」並非從上往下的指導受助者如何解決問題、如何過日子；相反的，是不斷地理解受助者，並且發掘他們的人性潛能，欣賞他們自覺於良知成長的積極動能，並創造他們實踐理想的空間。

第八節　上九：亢龍有悔

《易經》卦象中最後第六爻稱為「上」，陽爻居「上」之位為「上九」。「龍」在天之上即「亢」，「亢者，過於上而不能下之意」（《周易本義》），陽剛的動力已達到極致處，盛極則衰是宇宙自然之道，於是「陽極於上，動必有悔」（《周易本義》），凡事過度則必生懊悔，過了就不正，不正則邪，追求自我生命價值的意義也是如此，過度地追求成長性改變

的人生反而變成痛苦的壓迫，私底下把自己當成修理的對象，在人群中也喜於把自身置於道德高處，而成為鞭策心靈成長的狂者。誠如以心學釋易的楊慈湖所言：「亢龍君德之失也，惟聖罔念作狂，狂聖之分一念之間耳」（《楊氏易傳》），《易經》總是提醒我們在各種不同處境格局中該自覺與反思的題目，「亢龍有悔」的提醒為：「以亢滿為戒……當極盛之時，便須慮其亢」（《朱子語類》）；儒家的修身養性之學是志於學且樂於學，立定以「仁」為志向，並從「良知」出發而行。因為是出於主體的自發性道德情感，所以有心安之樂，而不是以外在道德律令來壓迫自己的「苦修」。「苦修」就是過度地想要進入超越性的聖境，這是來自於欲望的動力，而非良知的潛能，是貶抑自我，而非盡己之忠。誠如心學名儒王畿所言：「學易之道，遷善改過而已矣」（《王龍溪全集》卷十七〈學易說〉），而遷善與改過都是以「復其本善之心」為依歸，而不是以外在道德律令為標準；本善之心即「仁心」，對心學而言也就是「良知」。在《易經》六十四卦中，每個爻皆是面對良知本心的課題，初九的潛龍如此，九六的亢龍也是如此，變的是表象，不變的是本心，而本心與表象、不變與變之間的和諧辯證，相生相抑即是靈明活動。這也就是王陽明所說的：「良知即是易」（《傳習錄》）。

第九節　用九：見群龍無首，吉

　　在《易經》六十四卦中，只有「乾」、「坤」二卦在六爻之辭後，再加上類似於總結之論的斷語──「用」。「用九」將至剛至健的「乾卦」進一步闡釋而達到更高之生命動力的境界──「群龍無首」之象，創造的動能激發每一個生命的能量，生命萬物皆能如其所是的成為本真，天非孤龍之飛，地非一己之屬，人非唯我之尊，天德普施，無私無我，眾生皆生，在生命創造的本源上萬物平等，這也是《易經》中對宇宙生成、生命發展的最高理想價值。「無首」也就是沒有一種生命可以成為其他生命之首腦與控制者，程

頤的註解是：「見群龍，謂觀諸陽之義，無為首，則吉也。以剛為天下先，凶之道也」，換句話說，以至剛之道為首而統御天下，對儒家而言是災禍之象。若從「心學」而論，「乾」於內在即為道心：「能用九而不為九所用」（《楊氏易傳》），以心體為本而用之於天地萬物等各種形勢，而非以天地萬物之各種形勢為本而用之於心。換言之，人心才是主體，主體的靈明居於任何形勢變化中，皆能藉勢而用，而非被勢所用。這樣的觀點是相對於結構主義的系統理論所認為：個體是系統的一部分而被動於結構中的動力變化，所以難以有充分的自主條件，除非結構產生改變。心學以「心即理」的立場詮釋《易經》之「道」，所以強調人的主體，是「用九」而非「被九用」。楊慈湖的說明很清楚的表現了用九之義：

> 「故在下則潛，不為陽剛所使，不為才智所使，而能勿用；能用九而不為九所用，故在二則能見不過而躍，又不固而潛，能善乎世人而皆利見之；能用九而不為九所用，故在三則乾乾能惕，故雖危屬而無咎；能用九而不為九所用，故在四或躍不敢於必進，或之者，疑也。淵者，退處之所也，故無咎；能用九而不為九所用，故在五則能飛，能使天下利見而致大人之德業。」（《楊氏易傳》）

如上所述，龍在各爻皆能善用時機為超越性的主體道德而踐行：有時是要學習「不用」之用；有時則要學習面對阻力、解決困難且能利於眾人之用；有時是在學習自我警惕而從行動中反思自身；有時是要學習進與退之分辨；有時是要學習處於高位而能為眾人盡善成德。在主體的意願與客觀的時機之間，創造出恰如其分的實踐路徑，這就是一種生命藝術與生活美感。李澤厚用「度」的概念來說明中國哲思的實踐理性（李澤厚，2002），而心學「用九」的意境，則是主體的生命動力與形勢機緣條件之間所創造出「度」的美學。

第十節　易為君子謀

王陽明有言：

> 「良知即是易，其為道也屢遷，變動不居，周流六虛，上下無
> 常，剛柔相濟，不可為典要，惟變所適。此知如何捉摸得？見得透
> 時，便是聖人。」（《傳習錄》）

　　這是儒家心學派對易學義理的創造性詮釋。外在格局形勢的變化反映著自身處境其自我覺醒，而「我」絕非物性，而是「天命之謂性」（《中庸》）的「天性」。「天性」即是人性靈明之「我」，也是「良知」的我。王陽明所謂的「良知」乃是本體的存有，道德的主體並非外在客觀的律令條約所建構的意識而已。對心學而言，「良知即是易」，立志於實現生命價值的人，即是從事理的變化流行中，時時省察良知處：「省察是有事時存養，存養是無事時省察」（《傳習錄》），所以王龍溪說：「易，心易也。以易為書則泥，是皆未明大易之過也」。對追求生命成長的人而言，《易經》只是「反身而誠」的參照依據，並非算計功利得失的帳本，更不是宰制主體自由的命運威權，誠如宋儒張載所說：「易為君子謀，不為小人謀」（《正蒙》）。

　　若套用西方助人專業知識的語彙，「乾卦」與「人本主義治療學派」相通之處，在於皆相信生命的有機性及人的向善潛能，並可與「優勢觀點」、「增能模式」等後現代理論相應，兩者皆把視域放在改變的能量而非固著於問題的成因。從乾卦而論，張三所遇的生命困局即是良知覺醒的功課，無論他是自願尋求諮商的幫助，還是被相關機構強制走進協談室，助人工作的目標宗旨即是向「乾」而進。先將其視為有主體性動能的生命，而不只是被文化慣性與不良經驗所制約的客體，工作的目光是看見生命之「龍」，而不只是在診斷行為問題與人格疾病。若以此協助張三，也是從「龍」處覺醒，而不只是在知覺於他人與外在環境的問題視域中打轉。

第七章　終成：「坤」順而行

第一節　走入靈性

　　榮格這位西方心理分析大師，以其「集體潛意識」理論著名於世，但更為助人專業界津津樂道的是他對於「靈性」的信任而不容於佛洛伊德，最後導致師徒分裂。這不僅是個人的信念歧異，更是心理治療對於宇宙生命的立場之爭。像是1912年發生在中國的「科學與玄學之辯」，關係著華人知識典範的轉向。榮格以畢生的經歷坦然面對生命世界的諸多「異象」，並從中追尋自我的超越性之生命意義。他相信以因果律為依據的科學方法侷限了現代人的視域，統計的真理並無法充分提供更深奧的宇宙圖像，而中國古老智慧中的《易經》早已蘊含了榮格在認識論上的靈性主張──「共時性」（synchronicity）。或許我們可以用「有意義的巧合」來理解榮格的主張：當擲出三塊銅錢且同時面朝上時，這樣的結果不只是機率更具有隱而顯的意義。上世紀中葉，榮格在為《易經》英文翻譯版寫序時，提到：「《易經》使你尚未明朗化的思慮投射到它奧妙的象徵形式當中，這不是很有用嗎」（引自黃奇銘譯，1971，第241頁），我並不反對有人將卦象視為心理學上的投射測驗，但這顯然不是榮格的意思，更不只是《易經》的主要功能。在榮格以共時性作為認識論的主張時，他強調了我們的心靈早已包含於我們所認識的對象之中，而中國古老的智慧正呼應著這種自知之明的認識論。在這篇對《易經》有所讚譽的序文中，榮格顯然用他的方式嘗試理解這古老的智慧，以近三十年的時光努力與其連結，並且居然為譯本的出版卜了卦，而饒富其趣的解說各爻對他的啟示。然而，當這位充滿求知熱情的西方飽學之士請教胡適

博士對《易經》的看法時，以進步思想享譽中國之學人領袖的回答卻是：
「不要去相信這些迷信」，顯然榮格很失望。對胡適失望的大師似乎不只榮
格，現代新儒家代表牟宗三的評語是：「胡適之就是典型的清淺如水。王船
山說：『害莫大於膚淺。』此言痛切之至。一般人就是貪圖一時的清楚明
白」（牟宗三主講，2003，第 6 頁），這位曾翻譯西哲康德三大批判理論鉅
著的東方哲人，以「學貫中西」之稱譽絕非溢美，在其講演《周易》哲學的
實錄中論及「玄思之學」是中國人的知識資產，而絕非西方科學的邏輯理性
所能涵蓋，而《易傳》則充分表現出儒家的玄思義理。所謂「玄思」即是相
對於可被經驗事實論證之理性，是純粹理性思辨的範疇。

牟宗三闡釋《周易》時，特別強調了「幾」的觀念，而認為這是儒家
《易傳》充分掌握了《易經》的精髓，他說：

> 「『幾』這個觀念就是採取最開始最具體最動態的觀點看。一
> 件事件發動就是生起（happen），一發動就一定有一個後果。《易
> 傳》云：『幾者動之微，吉之先見者也。』幾就是要動還未動的時
> 候，就是動之微啦！一發動就有一個後果，這個後果或者是吉，或
> 者是凶。……任何一件事在人世間，在宇宙間生起，開始一發動，
> 將來的結果就統統包括在內，這開始一發動就是『幾』。」（牟宗
> 三主講，2003，第 15～16 頁）

能夠觀察到將動未動之幾，絕非線性因果所能涵蓋，而是體悟到多元複
雜因素相連共構的隱而將顯之樣態。繼榮格的「共時性」認識論之後，生態
系統理論家貝特森在 1980 年代初所提出的「心智生態學」中，即闡釋了所有
事物皆有所相連的認識論，主體認識的發生即是「連結共構」的過程，而萬
物萬象也在被認識中連結共構成統合之美，而失去統合的認識將是嚴重的損
失（章明儀譯，2003）。萬物皆相連於我，我也與萬物相連，所以貝特森
說：「如果你想瞭解生物的進化，就去反觀心智過程」（引自章明儀譯，

2003，第 21 頁），因此能感於動之微的先見者，必能感於其自身之微動。孟子說：「萬物皆備於我矣，反身而誠，樂莫大焉」（《孟子・盡心》），「幾」發生在物，也發生在我。距《孟子》與《易傳》數千年之後的現代物理學家也有相似的體會，在標題為「吾理」（Wu Li）的章節中，優秀的科普作家祖卡夫（Gray Zukav）說到：

> 「三百年後的今天，科學家帶著他們發現的東西回頭了。他們現在跟我們（這些想過到底怎麼一回事的人）一樣的困惑。『我們不確定！』他們說，『但是我們已經累積了一些證據，知道了瞭解宇宙的關鍵就是你』（作者按：『認識主體』）。」（廖世德譯，1995，第 114 頁）

能盡己之性即能盡物之性，這是儒家的玄思，無論在《易傳》的「幾」或《中庸》的「誠」，都在闡釋這樣的「為己」的心性之學。

第二節　坤順終成

牟宗三認為，《易經》的兩大原則即是「創生」與「終成」，從氣而言是「陰」與「陽」，從德性而論則是「乾」與「坤」。

> 「乾健所代表的原則是『創生原則』，創生原則也就是創造性原則。……坤順所代表的基本原則是『保聚原則』，也叫作『終成原則』。坤卦代表終成原則，等於西方的 final cause（目的因），……《易傳》終成二字最合 final cause 的意思，終成這個詞最典雅。誰擔負終成的責任呢？就是坤順之卦，這跟乾健的創生原則不同。」（牟宗三主講，2003，第 19 頁）

如同陰陽二氣，乾健與坤順並非二元對立，而是相生相息，創生與終成合而為一即是牟宗三所言的「易經的終始哲學」，而可對應於西方「process of becoming」的概念。「終」是停止，相對於「創」是開始；「成」是完成，相對於「生」是過程。〈彖傳〉以「乾」為「萬物資始」的德性，而視「坤」為「萬物資生」的德性。萬物被創造之後要能資養生長，於是需依靠坤順的保聚，資生之後才能終成。牟宗三斷言中國文化的綱領即是尊乾而法坤，創生的價值必須落實在終成的實踐之道，此即是坤順之道。何謂「坤順」？「坤」依何而順？〈彖傳〉的說法是「順天」，因為順天才能承載萬物之生而能終成：「至哉坤元！萬物資生，乃順承天。」

在中國文化中，「天」是一個多層次的語意概念，可能指涉著與「神」相關的神祕存有，有時只是「大自然」的別稱。而儒家思想更有其特有的形上觀，並將「常」與「道」並稱。余英時（2007）認為，中、西方的價值哲學皆有強調超越有限物性的德性，然而西方的德性源頭來自於外在的絕對存有（上帝），中國的德性則來自於「道」。但是，「道」絕非只是獨立存在於人性之外與生活之上，而更是存於人倫日用之中。余英時的說法是：

> 「一般而言，中國人似乎自始便知道人的智力無法真正把價值之源的超越世界清楚而具體地展示出來。……但是更重要地則是中國人基本上不在這兩個世界之間劃下一道不可逾越的鴻溝……。我們如果用『道』來代表理想的超越世界，把人倫日用來代表現實的人間世界，那麼『道』即在『人倫日用』之中，人倫日用也不能脫離『道』的。但是人倫日用只是『事實』，道則是『價值』。事實與價值是合是離？又合到什麼程度？或離到什麼程度？這就完全要看每一個人的理解與實踐了。」（余英時，2007，第20頁）

據此，超越有限物性的力量不在於外在的位格神，而是在日常生活實踐中內存於人性的「道」，余英時稱前者是「外在超越」，而稱後者為「內向

超越」。「天」對儒家心性之學而言是很清晰存有,存在於宇宙萬物中的終極存有即是道德主體,這也就是牟宗三所說的「道德的形上學」,也就是程朱之學的「理」、陸王之學的「心」,用王陽明的話來說就是「良知」。

依據上述,「坤順」係承於天,也就是承於自然之道,對儒家而言則是承於道德主體,更可以說是承於良知。承於自然,承於道德主體,承於良知,即是孟子所言「盡性」與「盡己之性」,而非盲目地承受於他人的操控或權威的宰制。因此,《文言傳》提到:「坤順其道乎,承天而時行」,宋大儒程頤的註解是:「承天之施行,不違時,讚坤道之順也」,承於天道良知的坤,是順著時機而有靜有動,如同大地順著天時而包載保聚萬物之生,這就是「厚德載物」。於是〈象傳〉說:「地勢坤,君子以厚德載物」,而坤道順時而動,其動是「至柔」的,因為非常的柔軟反而有剛強之效;坤道也順時而靜,並且達到「至靜」的境界,所以不干擾影響生息,所以可以「利萬物」。《文言傳》的說法是:「坤至柔而動也剛;至靜而德方」,以「至柔」與「至靜」的力量,順應天時承受天命,盡人性通物性,這就是坤卦的綱領。

《卦辭》對「坤」的斷語是:「元亨,利牝馬之貞」,牝馬即是雌馬,易學老師劉君祖對此的解說頗富寓意:

> 「馬有健行之象,按說卦傳應為乾卦的象徵,坤卦取牝馬之象,兼有健、順二義。雄馬為主,帶頭奔馳,雌馬為從,緊跟在後而至並駕齊驅。陰柔剛陽相與協行,調節配合得恰到好處,這便是利牝馬之貞的精義。」(劉君祖,1997,第 18 頁)

雄馬為主,雌馬為從,表面上顯示的是雄馬之健,但是緊跟在後的雌馬,既可保持齊驅又能克不超前,如此隱性堅韌、能放能收的力量,才是更為精妙的動力境界。在助人工作中,我們常有「陪伴」之說,專心誠意的同理案主而能與其同步。當案主尚未進入改變時機,我們不超越;當案主已達

改變時機，我們不落其後。以「順」與「靜」的隱性力量緊緊相隨，表面上我們沒有太多的作為與突破，但是走入終成的過程已然展開於無形。我認為，以「同理心」著稱的一代人本心理治療大師羅吉斯，即可以「坤」之牝馬形容其深厚之專業素養。

　　雄與雌、主與從、剛與柔、健與順的二元對稱，無論從字面上，或歷史中，或生活裡，我們皆有依據足以批判易理中的乾坤之別，象徵著性別階級的對立性。事實上，人類社會自古至今皆有發生性別壓迫的處境，而當代文明對人性尊嚴最有貢獻即是性別與族群之平等意識的倡導。因此，透過當今平等價值的立場，重新詮釋古代智慧，比全盤否定文化遺產，更具進步性的意義。陰與陽可對立，亦能相稱，更可互長，並可互抑；主與從則更有辯證思考的空間，有從必有主，但無從亦無主，主與從不只是位格屬性，更是互動性的消長。同樣的，雄雌之分可單就生理條件而言，但亦可從行為反應而辨；男女之別從器官功能、從心理認同、從社會屬性，而可能有不同的判斷。若將「乾」對位於男，「坤」則等於女，這也只是較為簡單的看法。若依據易理之「坤柔順於乾剛」而推論「妻子必須順從丈夫」，這也只是既膚淺且迂腐的見解。我們也可以將乾與坤視為兩種不同的德性，而無論男女皆應兼修而整合為一，此「一」即為生命創生至終始的存有價值。

　　從過去「家庭重塑」或「心理劇」的經驗中得之，治療師（或導演）最重要的態度是「follow the process」。雖然不同的工作者有不同的治療目標，但若要展開治療，我們總是「跟著過程走」，而不是固守著自己所預先安排的流程，或是緊抓住熟悉的方法步驟來操縱案主的狀態和團體的氣氛。從我們日積月累的經驗中所學到的教訓是：控制往往會導致揠苗助長的傷害，無心插柳的心境反而會見到處處生機。這麼說來，還有什麼意喻比「坤順」來形容「跟著過程走」的哲思信念更為貼切！「過程」是由案主（主角）的狀態、治療師（或導演）的狀態、成員（們）的狀態、時間與空間的狀態等諸多因素所共構的，甚至治療室之外的生活現場與社會氣氛也參與其中。在失敗的經驗中體會到，往往我們的心不夠靜、不夠柔就難以捕捉感應到諸多變

動的現象。

　　在「跟著過程走」時，我們必須學習放下設想好的步驟以及治療上的企圖。以張三為例，若在「家庭重塑」中，治療師可能希望他可以同理妻子為了照顧孩子與保護自己，不得不與張三的「孝心」保持距離，以避免自身捲入更多的勞務。然而，在過程中他並沒有想要進入前妻的生命脈絡中體會她的感受。此時，治療師若緊抓著自己的企圖，其心將無法感受到張三對失去父親的憤怒與無助，不但沒有與案主的狀態同步，甚至與其對立，導致關係上的抗拒。然而，當治療師順著張三的狀態，既不超前也不落後，往往會進入一段未知的旅程，不確定是否行的通，也不明白出路在哪個方向。這樣的摸索過程考驗著治療師的信心，而愈是想在別人面前證明自己的專業能力時，就愈容易焦慮而感應不到諸多微妙訊息；相反的，愈相信案主有其成長潛能而能引領著療程，就愈有信心跟緊案主的自發狀態，最終可能達到原本治療師所設想不到的結果。〈卦辭〉對「坤」的斷言中提到：「先迷後得，主利」，宋大儒程頤的註解是：「陰從陽者也，待唱而合；陰而先陽，則為迷錯。居後，乃得其常也。主利，利萬物則主於坤，生成皆地之功也」（《易程傳》）。從助人工作而言，工作者先於案主終必偏失方向，工作者緊跟於案主之後，終必有所得。若進一步問：得到什麼呢？「主利」也可說成「主體之利」，換言之，即是有助於生命主體終成之利。

第三節　承天應時

▣ 初六：履霜，堅冰至。

　　坤順之道係承於天、應乎時，伺機而靜、因勢而動，以雍然之大器承載萬物生息而致終成。坤卦的初爻象徵「跟著過程走」的第一步，這一步並非盲然地踏壓下去，而是瞭然地輕踩上去。瞭然是在洞見中發生的，而洞見則敏於動靜之際的覺察。坤卦初爻以行動者覺察到腳踩的地面，已在寒氣中凝

結成霜時，即已洞見到未來將會形成堅冰的狀況。「履霜，堅冰至」這極富畫面的譬喻，很生動地闡釋出坤順的智慧，也就是在覺察洞見中瞭然，所產生的具體實踐行動。「覺察洞見中的瞭然」可以是針對諸多現象的綜合判斷，更可以是「反求諸己」的真誠覺醒。若從儒家思想的心性之學而言，後者肯定是前者的基礎。

宋大儒程頤對此爻的註解加入了「小人」之說，雖然有其時代背景下的政治哲學意涵，但對於當代助人工作也可經由創造性詮釋而有所啟發。他原本的說法是：

> 「陰始生於下至微也，聖人於陰之始生，以其將長則為之戒。
> 陰之始凝而為霜，履霜則當知陰漸盛而至堅矣，猶小人始雖微不可
> 使長，長則至於盛也。」（《易程傳》）

在儒家思想中，常有小人與君子之辨，例如：「君子喻於義，小人喻於利」（《論語・里仁》），如前所述，倘若我們以「志於自覺與生命成長的人」闡釋「君子」之喻，並相對於「無意立志於此，而依著個性與環境條件生活」的一般人，程頤對此爻的斷語則有不同的意義。「君子」本為一般人，在各種人情世故中，也很容易依著自身的個性與環境條件而反應。因此，在立志為君子之始，即以「慎獨」之心如履薄冰的自覺於複雜之人我動力關係，順於天道而非陷於「人在江湖身不由己」的物性。若有任何助長物性的可能，皆在自覺洞見之中，瞭然於心之後，再細心地分辨下一步該踏在何處。踏出之始即能防微，未來之路則可杜漸，所以〈小象傳〉說：「履霜堅冰，陰始凝也；馴致其道，至堅冰也」。霜始凝冰漸至，這是人所無法改變的自然律，但是《易經》強調知幾即能應變。經常自覺於己的人，遇到環境難處雖然步履緩慢，但也可順而前行。

若以張三為例，夫妻失和、手足相悖、親子相離、獨自背負殘疾老母的中年男人，該如何繼續其人生之路？助人工作者該如何協助其突破困境？若

要回應這些問題，我們得確定張三是否願意立志為「君子」——自覺與實踐生命意義之人？「是否願意」與「是否能夠」兩者即是不同的價值範疇。「我欲仁，斯仁至矣」（《論語·述而》），對儒家而言，強調「因為我願意所以我能夠」，而非「因為我能夠所以我願意」。如果張三有此意願，在生活中具體實踐的第一課，即是學習「履霜，堅冰至」的慎獨工夫。

▣ 六二：直方大，不習無不利。

從卦數而言，六二為坤卦之主，也就是卦中最重要的一個「爻」。宋明理學家程朱等極為重視此爻辭之義理（牟宗三主講，2003），認為「直方大」即統言了整個坤道。坤道雖然柔順，但是並非沒有原則的委屈求全。如前所述，坤之順乃順於天道良知，因此「以直方大三者，形容其德用，盡地之道矣」（《易程傳》）。若從語義，「直」需正應於目標才可分辨是否偏離，因此「正」與「直」經常連用為詞，指涉於品格內涵。孟子說：「其為氣也，至大至剛，以直養而無害，則塞于天地之間」（《孟子·公孫丑》），以「直」來養「至大至剛之氣」，這至大至剛之氣也就是他對公孫丑所說的「浩然之氣」。在與公孫丑的對答中，我們可以瞭解到：當孟子表示自己「善養浩然之氣」是比對於北宮黝、孟施舍的勇氣所說，而後兩者皆是對外而發的魄力，但孟子的浩然正氣則是向內滋養的果實。據此，「直」是向內的涵養而非對外的反應，是反求諸己的工夫而非人際溝通的方式，是直指內心而非直言斷語。向內直觀面對良知，內在的良知愈發靈明，而由內發出至剛之氣，這就是儒家心性修養的工夫。以坤順之直滋養剛健之氣，這就是六二的義理。《文言傳》則說：「直其正也，方其義也，君子敬以直其內，義以方外」，「直」是內在修養，由內而外的表現則是「方」。這「方」也是相應於「直」的譬喻，依據清代儒者李光地的註解：「乾為圜，地為方。方者坤之德，與圜為對者也」（《周易折中》），天圓地方是中國古老的宇宙觀，「方」是以平面形式展現，也象徵著大地可承載萬物之形，也就是坤德的展現。因此，陰爻得陰位之「六二」是至柔至順之象，然而柔

裡是直，順中有方。而「直方大」之意即是以直向內，敏於良知；對外以方，雍容大器。清儒李光地有一段幾何圖形的譬喻非常有趣：

> 「故數學有所謂線、面、體者。非線之直不能成面之方；因面之方而積之則能成體之大矣。」（《周易折中》）

「直方大」是內省工夫不假外求，所以「不習，無不利」。程頤的註解：「由直方大，故不習無所不利。不習，謂其自然」，儒家思想相信人性有超越性的潛能，所以直指仁心，良知俱在，渾然天成，不必刻意向外尋求方法而學習。

從「六二」而論，張三在生活中細心盡孝，最重要的考驗並不止於順於老母親，而更是以直向內，正對著良知靈明。孝可由仁心而發，仁心不只是道德條件，更是情感本體，也是惻隱之心。孝也可出自於欲望的投射，將匱乏性需求的滿足條件向外依附於客體。仁心是天性，欲望是物性，作為生命發展的主體，人既存天性亦有物性。從現代人的心理健康知識而論，我們很難苟同宋明理學「存天理去人欲」的主張，而肯定人欲的存在，同時天理也不只是內化於心的道德律令，更是具有溫度的生命情感。因此，「存人欲，養天理」應是較為整合的成長之道。張三難免將己身的欲望投射於盡孝的勞動，但這並不能否定其本真之仁心天性。只要自覺於欲望之情與仁心之情的分別，而不被物性所制，但治於天性。正如孟子所言：「以直養而無害」（《孟子·公孫丑》），物性有情，天性也是情。物性的情往往來自匱乏性的需求欲望，因此想要掌握、控制與占有被投射的對象；而天性之情發自仁心良知，感同身受於他者，「己欲立而立人」的移情轉念。作為有天性也有物性的人，張三所面對的成長功課，就是透過盡孝的勞動實踐，向內自覺於己身之欲，並「直養」天性靈明之仁心。由此仁心所發之情感動能，自然地「義於方外」且容於他者，即成就了坤德之「大」。

第四節 內斂於中

◉ 六三:含章可貞。或從王事,無成有終。

　　卦象中的三爻與四爻象徵上承天德、下乘地德之人德。第三爻位在下卦之上,但若攀升進入上卦則多凶,而坤卦六三陰爻居陽位更屬艱難。總而言之,實為多事憂患的人位格局。然而,若以「含章可貞」的修養工夫,則可發揮坤德之道。宋代大儒程頤以政治哲學的角度詮釋此爻,啟示了儒家思想的為臣之道:「三居下之士,得位者也,為臣之道,當含晦其章美。有善則歸之於君,乃可常而得正」(《易程傳》),從現代社會論此君臣之道,總有封建官僚之嫌。如果將「臣」的符號意義詮釋為「輔助者」、「協同者」;而「君」則界定為立志於自我成長的「主體」、「當事人」。程頤的註解則提醒了助人工作的政治權力與倫理關係:助人工作者應居於「臣」之位,輔助生命的主人,而非居於專家之位,指導操控被問題化的個體。

　　「章」是美好明亮之形容,可譬作於精石美玉或文品才氣;而「含」是收斂不發、鋒芒不露的意思。將美玉含在口中,這不只是韜光養晦的智慧,更是謙虛內斂的修行。三十年前,當我還在讀諮商碩士班時,諮商技巧受業於快退休的老師瑞馬克(Dr. Remarcle)。至今仍記得他說過:「如果你有一個妙方,不要說出來,等著案主自己發現,常常他還會發現更好的……。但是通常我們會忍不住先吐為快!」出自西方心理諮商專家之語,挑剔而言,似仍以工具理性出發,但相應於古老東方智慧之詞──「含章可貞」,則更足以令助人工作者深思於「不吐之忍」的終極性價值。接著「含章可貞」,六三的爻辭有言:「或從王事,無成有終」,狹義而言,「從王事」就是輔佐君王行事,現代人也可將「王」視為「老闆」之喻。據此,爻辭之言可以解釋為:「下屬替老闆辦事,成就雖不歸於下屬,但下屬仍可得到最後的結果」,而程頤的註解相當接近於上述的解說:「或從上之事,不敢當其成

功，唯奉事以守其終耳。守職以終其事，臣之道也。」倘若我們將「王」如同「君」皆視為生命的主體，「從王事」即是「輔助主體成就其生命的意義」，當然「成就」是歸於生命主體，而助人者只是善盡輔助之能。

對應於助人工作者，張三之盡孝即是輔助母親完成其生命的最後之旅。中國文化自古即重視「善終」之大事，因而以「王事」稱之也並不過當。「孝」本是人性之美善，然而事必躬親的盡孝勞務，其辛苦與疲憊非外人所能明瞭。六三的「含章可貞」即是將盡孝之舉內斂於心，如人飲水、冷暖自知。孔門顏子所說：「願無伐善，無施勞」（《論語・公冶長》），從家庭系統理論而言，個體行為往往受制於家人之間的動力關係，尤其是在夫妻對峙、親子黏結、手足競爭等諸多二元張力的交互作用中，夾雜著多層複雜的情結與情緒。因此，親與不親或孝與不孝的人際行為，極有可能只是共構而生的表淺現象。若家庭有一人全時投入於照顧的勞務中，很可能會促成其他成員逐漸疏離於照顧之情，這樣的動力關係再反饋於系統內，使照顧者的情感負擔與壓力變重，再將自身的匱乏感投射於外，而認定於他人的不義與不公。久而久之，照顧者不自覺的占於道德優勢的高度，心中卻是充滿委屈求全的苦楚。此時，道德優勢與心情苦楚成為了家人之間的高牆，牆外者的疏離與牆內人的封閉形成兩極的對稱性發展，固著在家庭動力的穩定結構中，而不易改變。張三期許自己「從王事」，就必須學習坤順之「含章」，盡孝是為了「善終」之正道，並非成就自身的道德美名。同時，在孝行的勞動中更應覺知自身的匱乏性需求，在人我互動關係中內斂含攝於心。

☉ 六四：括囊；無咎，無譽。

四爻位居上卦近天（五爻）之人位，程頤的註解是：「危疑之地也」（《易程傳》），此應是從官僚的政治關係而言。第五爻象徵「君」，四爻即是輔君之「臣」，在伴君如伴虎的政治氛圍中，謹言慎行即是明哲保身之道。「括囊」就是把袋口收緊了，裡面的東西不露出來也就沒有紕漏（無咎），然而也沒有什麼為人讚譽的表現（無譽）。若跳開君臣政治，清代儒

者楊簡的詮釋就較具心性修養的旨趣：

> 「含章已為人情之所難矣，而況於括囊手。括囊者謹括而不發
> 其中，未能無己私者往往多不括。雖知所括往往不謹己私，中潛時
> 一突發易道，不如此道心清明。無體無我，發則發，括則括，何適
> 何莫？時不可發而必欲，取其咎也；必括則不發，不發則無譽，此
> 事理之常。彼未能無私意者，往往恥於名譽之不聞，此意一動又不
> 能括。故聖人又教之曰無譽，言乎自無譽也。」（《楊氏易傳》卷
> 二）

「括囊」並非壓抑自我以求全的社會面具，而是內在修養的德性境界。相較於「含章」，「括囊」的工夫更難，必須欲望減至最低才能自然的呈現「不發」的狀態。楊氏所謂的「不發其中」可由《中庸》：「喜怒哀樂之未發，謂之中」解釋，「未發之中」即是將欲望包容承載於內，而不隨意的向外投射。如果內在足以承載欲望，出口就自然地關閉著；足以承載欲望的載體就是「無己私」的道心。在道心清明的覺察狀態下，發與不發都是順應天時與良知，而不是被欲望制約下的反應性結果。

「六四」居人位之要、宰輔之象，若從現代性的社會結構而論，可譬為公私部門與眾人所重視的「專家」角色。居於「專家」之位者更應「括囊」行事，但是謹言慎行之目的，並非為了維護自身的社會地位及保障既得之階級利益，而是反求諸己於良知道心。孟子說：「有不虞之譽，有求全之毀」（《孟子・離婁》），超越世俗的毀譽順良知而行，就是「自無譽」的境界。在此等之境中，誠如楊簡所言：「發則發，括則括」（《楊氏易傳》卷二）。被社會列為「專家」之一的助人工作者，經常面對人欲的煩憂，而其自身之「欲」也極容易成為「隔阻」，不只難以貼近受助者的處境，更妨礙了生命主體的發展。面對這樣的「隔阻」，我們實難以「客觀中立」等形式主義的虛假意識，迴避自身的人欲；更不該以「情感反轉移」等標籤主義的

病態觀點，物化自身的人欲；也不應以「存天理去人欲」等道德主義的教條口號，壓抑自身的人欲。不迴避、不物化、不壓抑人欲，但求面對、自覺、承載人欲於未發之中，此即是助人者的「括囊」，換句話說就是「反求諸己」的儒學價值。如前文所述，以儒家思想出發的助人工作即是「以友輔仁」的過程，「仁」就是天性，就是良知，就是互為主體的同理與接納，也就是生生不息的成長潛能（翁開誠，2006）。據於良知的「括囊」並非壓抑，並非防衛，而是坤順的終成之德，也就是為了完於「善終」，而同理於生命主體之處境，將己身之欲容於「未發之中」，所呈現的謹言慎行之狀。

第五節　虛以終實　

▣ 六五：黃裳，元吉。

　　諸卦中的第五爻居於天位亦象徵人君，而坤卦第五爻為陰爻，落於陽位（六五）本是居於不當的險位，卻可展現生機盎然的大吉之象[15]，關鍵在於以陰虛待陽的智慧。位高權重者以「陰虛」領導群眾，自有玄機高妙之處。在中國傳統文化中，黃色有其符號意義，既為中道之色也為尊貴帝王之徵（劉君祖，1997，第28頁）。日常生活中「衣裳」二字經常連用，但更精準的說法則是「上衣下裳」：穿於上半身的稱之為衣，遮蔽下半身的則謂之裳。六五不是黃衣而是黃裳，即有將尊貴隱於下而不顯於上的譬喻，表示領導者謙下不自高的行事態度。〈小象傳〉的進一步說明是：「黃裳元吉，文在中也」，不以外在的強勢權威，而是以內在的溫和德性，帶領眾人所以能有大吉的局勢。

　　依據儒家「易為君子謀，而不為小人謀」（《正蒙》）的立場而論，位居高位掌握權力者以「虛」待位，絕非出自領導統御之術的陰招，而是發自

---

[15] 依據唐代孔穎達的註解：「元，大也。以其德如此，故得大吉也。」讀者請參閱李光地（清）《周易折中》。

內在坤順之德的修為。兩者境界自然不同，前者是操控之欲，後者則是「終成」的價值理想。從欲望而出與從良知而發，當然結果也不一。從欲望而出「黃裳」之技，「元吉」是針對私欲而言，只不過是大大地滿足了領導者的私欲而已；從良知而發的「黃裳」，「元吉」則是針對德性而言，也就是大吉於生生不息的天德。對於助人工作者而言，此爻是極高的修為境界，需放下一切專業技巧，瞭然自身人欲需求，本於良知靈明順於生命發展的終成目的，將自身主體放於陰虛之位，對襯凸顯出受助者的生命主體。好比人本心理學家羅吉斯所帶領的會心團體（encounter group），不刻意營造出團體的溫暖氣氛，也放下表現尊重接納的會談技術，而專注於成員們的互動，隨著團體的自發動力，將自身的專業知識置於主體存在之後，在這樣黃裳的狀態中，成員們才能彼此相互學習（翁開誠，2004）。如此的境界，自然不是一蹴即成的技巧訓練可達，更不只是知識經驗的堆疊即成，而是來自決心於反求諸己的自覺，且正應於人性良知的反映，將助人視為「輔仁」的志業，如牝馬之貞般逐步修為，漸至於「從心所欲而不逾矩」的生命境界。這般的修為境界，對我而言，自然極高明而難以攀登。然而，「知其不可而為之」（《論語・憲問》）為儒門的治學態度。換言之，助人是一輩子的修為志業，這樣的願景對於「困知而勉行」（《傳習錄》）的助人工作者是相當重要的。當然，如果張三有志於君子，盡孝行終成之道，以「黃裳」達「元吉」之境，即是對自我期許，而不必對他人索求。活在自我期許中即有實現生命價值的動力，活在對他人索求中則滿是失望與無奈之咎與悔。

▣ 上六：龍戰于野，其血玄黃。

陰爻與陰位，且位居至高的上六，象徵陰之至極。物極則必反，陰極而生陽，於是「龍」出現在野處，在權力中心之外的邊緣處境中出現了反坤陰之陽剛力量，並且咄咄相逼，實有衝突，終必一戰，血濺玄天黃土[16]，極為

---

[16] 蒙書《千字文》首句即是：「天地玄黃，宇宙洪荒……。」玄是深暗天體之色，黃則象徵大地的光彩。讀者請參閱劉君祖（1997）。

慘烈，此等局勢與六五「黃裳之吉」形成翻轉式的對比。易理在各卦中皆由爻位之變化闡釋了「始、壯、究」的創生，成就乃至終滅的生生不息之道。「乾卦」上九的「亢龍有悔」，「坤卦」上六「龍戰于野」皆是生命化生的必經之境。〈小象傳〉的註解為：「龍戰于野，其道窮也」，窮就是用盡的意思，坤順的盡頭，則必有陽剛之氣。

宋大儒程頤的註解是：「陰從陽者也，然盛極則抗，其象如此」，朱熹的註解也是：「陰盛之極，至與陽爭，兩敗俱傷」（《周易本義》），兩者皆有「陰之順」不與「陽之剛」抗爭的立場，而有陰盛則必傷的歸究。這樣的註解似乎容易詮釋為抑陰盛以求和的生活態度，尤其是將陰順對位於女性的狹隘之見，則更容易成為壓抑女性主體的論述工具。倘若我們以「龍」為喻，象徵生命主體開展的潛能（如「乾卦」），對萬物而言，即是如其所是的主體性；對人而言，也就是人之所以為人的主體性。於是坤道陰虛之盛極處，就必然面對主體性相抗的衝突，這就是「龍戰」，也就是生命主體性所發動之戰。清儒李光地對此有所註解：「李氏開曰：曰龍戰，則是乾來戰，不以坤敵乾也」（《周易折中》），陰中必有陽，陰盡則陽生；陰虛之極，也必不至於抹殺其生命的主體性，這才是坤順之道。因為憂懼於「龍戰」，所以壓抑陰極，戒陰盛之亢而不使龍出，這反倒是違於坤順之天道。易理講究的天道是有開始（始），就會壯大（壯），壯後必會窮盡（究）。上六陰虛之盡必有龍戰，這就是生生不息的大易。

從「龍戰」的玄理中反思於助人工作，助人者以坤順修己，以陰虛待位，但最終仍不能失去自我生命的主體性。陰極之處往往會發現「龍」的動能，而此動能是生命的動能，祂不只是理性的力量，更是情感的力量；是良知天性，也存有人欲物性；能同理他者，也能接納自身；緊隨著天道，但也必載著私己。在西方心理治療界大師的典範事蹟中，榮格與其病人薩賓娜（Sabina Spielrein, 1885-1942）之間的戀情，情欲與良知的糾葛（陳雅馨、楊晴譯，2013），或許可比作「龍戰于野」之喻。當然，過程是「其血玄黃」般的兩敗俱傷。榮格之虛終成薩賓娜之實，但也使榮格反求諸己而更深入於

探索自身靈魂的冒險之旅。相較於與其決裂的佛洛伊德，榮格在靈明玄理方面的探究，對心理學而言，更具貢獻。

第六節　君子不器

▣ 用六：利永貞。

　　如同總結之語，「乾卦」有「用九」，「坤卦」亦有「用六」。「九」與「六」皆是卜算的術語，而象徵「陽」與「陰」。「用六」是以「六」為用，而非被「六」所用。據宋大儒程頤的解說：「坤之用六，猶乾之用九，用陰之道也。陰道柔而難常，故用六之道在於常永貞固」（《易程傳》），儒家思想是以人弘道，而非以道弘人，還是回到人的主體性來發輝天道。坤道亦然，不是人被坤道所用，而是人發輝了坤道。若是被坤道所用，人就只是「道」的工具，儒家說：「君子不器」（《論語・為政》），人不能成為被「道」所異化的工具，而是藉由「道」來彰顯生命主體的存有價值。據此，「用六」就是藉由坤順的終成之道，開顯出自我生命的超越性質感。而坤順至柔且至陰，對於剛健的生命主體而言，並不容易使用它。於是坤卦給我們最後的提示是：「利永貞」，以持續而守正的態度向坤道學習，這對於生命的自覺與價值的實現是有幫助的。相對於「乾卦」用九：「見群龍無首，吉。」譬喻了不專斷、不固著的自由生命力；「坤卦」用六則是強調了堅持與固守的價值實踐。兩者陰陽互補，而陽健中有柔順寬廣的態度，陰柔中又有健固的實踐力，陽中有陰，陰中有陽，相翕相生的辯證化成，這就是大易對於生命的品味旨趣。

　　從跟著過程小心翼翼的踏上助人之路，學習順著良知明覺而行，逐漸體會「內斂於心」的終成道理，進而回觀己身之欲，而修「不發而中」的括囊承載，再邁向以虛待位的生生大義。助人者最終仍需面對其自身的生命動能與主體開展，而展開「龍戰」般之絕境逢生的大蛻變。「坤卦」以陰順而至

終成之道，對於助人者自有許多提點。但是，這些仍是以人為本，而非以道為主，是人用於道，而非道用於人；助人工作是為了人而超越成人，而非為了道而超越成道；盡孝是為了人而成就德性，而非為了德性而成就人。人最終的目的即是成為有主體性意義之人，而非成為成全宗教、道德或社會價值的工具。

第八章　療癒：風火的修己道場

　　家是修身的實踐場域，我們在家庭關係中學習以仁相待，彰顯人性之善端。然而，如前文所述，家庭是一個有機性的系統，不斷作用於成員配合動力性的穩定與發展，因而個體的主體性在動力關係中受到極大的限制。家庭一方面支持家人的成長，另一方面也宰制著每個人的生命主體。於是，「齊家」的命題即成為：如何讓家庭成為一個有機的載體（而非宰體），能包容承載每位個體的生成，而成為人性之主體。《易經》中的「家人卦」，即以風與火互動的格局譬喻了有機性的動力關係。而以儒家思想為釋經立場的《易傳》，則從旁註解了成為君子在「家人」格局中應有的修為。

第一節　家的療癒性　　　　　　　　　

　　影響西方家族治療理論建構至深的人類學家貝特森，以「對稱性共構」之結構概念闡釋生命共生與共存的樣態（章明儀譯，2003），如前文所述，貝特森的想法與數千年前陰陽的智慧相連。在有機生命中，充滿了不同形式的「對稱性共構」，也可以說各種不同形式的存在皆有陰陽相生的動力因，也就是「萬物負陰而抱陽」（《道德經》）的道理。

　　陰陽相生的「家人卦」是以「風」與「火」所對稱共構而成的格局。「火」必依物而生，而「風」則自發而動；「火」的依附性與「風」的自發性，兩者共構了「家」的動力結構——依附與自發之間的辯證性張力。自發的情感必依附在關係之中；依附的需求必創造出個體的生存機會。「家人」必須相互依附但又各自獨立，火一陣子地相依，風一陣子地消散；風風火火的關係，就是「家人卦」。

　　從卦序，排三十七的「家人」上接「明夷」下繼「睽」。〈序卦傳〉：
「夷者，傷也；傷於外者必反於家，故受之以家人……家道窮必乖，故受之
以睽……睽者，乖也」，簡明扼要的說明了「家人」處於自外回返後，再由
內終散的有機性過程。宋大儒程頤特別註解了自外回返的需求性價值：「夫
傷困於外，則必反於內。家人所以次明夷也」（《易程傳》），顯然，「家
人」具有療傷的能量。在外受傷的人回家後，該接受怎樣的療癒過程呢？程
頤認為：「家人之道，父子之親，夫婦之義，尊卑長幼之序。正倫理，篤恩
義，家人之道也」（《易程傳》），換句話說，家人能提供傷者的即是倫理
親情的正道。「風」與「火」皆是潛力十足的動力，家人之間有感情，更常
有激情；感情能使關係滋潤，激情會使關係受損。彼此之間過度的依附則失
去了獨立性與主體性，西方家族治療理論以「黏結」（fusion）與「不分化」
（in-differentiation）稱之。倘若因為害怕親密關係會妨礙了自主性的發展，
而反其道地壓抑了自然的依附性需求，則會導致人際的「疏離」（aliena-
tion）與「情緒冷感」（emotional cut-off），而將內在的親密渴望與匱乏感，
防衛性的轉而向外產生病態性的人際行為。上述這些心理動力現象，在家族
治療理論中已有許多的探討。現代心理諮商知識十分強調家庭動力對個體的
傷害，然而古老的中國儒家思想，卻從不同的角度體悟到風火的動力足以「療
癒」傷者。心理學家黃光國（2014）即以「倫理療癒」的概念，闡釋儒家思
想的人性治療觀：

　　　　「一個存在於『本真』狀態的人，會將生命中的負面經驗當作
　　上天對他的考驗。他會反思自己的挫敗經驗，從中汲取教訓，以作
　　為未來行動的指針；即使犯了過錯，也能勇於自我改正。」（黃光
　　國，2014，第42頁）

　　黃光國在該書中引述了孟子所言：「天將降大任於斯人也，必先苦其心
志，勞其筋骨，……」（《孟子‧告子》）這段名句作為依據，說明了「倫

理療癒」將生命中的痛苦轉為正向修為的治療觀。而所謂「未來行動的指針」，對儒家思想而言，當然是志於成為仁德的君子。因此，程頤對於「家人卦」的重視，並非在於依附需求的滿足與否，或是獨立個體的成全與否，而是：

> 「風自火出，火熾則風生，風生自火。……明於內而巽於外，處家之道也。夫人有諸身者，則能施於家。行於家者，則能施於國，至於天下治。」（《易程傳》）

「明」即是火，「巽」則是風，火旺則生風而施及於外；家人之間若有倫理情義，個人在面對外在社會關係時，無論在勞動場域或是面對公共事務，皆能以倫理情義處之，這就是「家人之道」。

但是如何解決家人之間，在關係中的依附性需求與個體的獨立發展兩者的矛盾？宋明理學針對〈卦辭〉中的「家人，利女貞」提出「女正」的說法：

> 「家人之道，利在女正。女正則家道正矣。夫夫婦婦而家道正，獨云利女貞者，夫正者身正也，女正者家正也。女正則男正可知矣。」（《易程傳》）

顯然的，其對於「女人」在家中的角色責任有極深的期許。倘若片面理解「女正則男正」，則很容易把家庭中諸多的問題歸咎於家中的女人，責求她們沒有守正，如此之說就成為性別偏見與道德壓迫的雙層控制，而這也就是為後人所詬病的「禮教吃人」之封建意識。然而，我們若能守住儒家思想以「仁」為核心的人性立場，所追求的價值為志於君子之道，將〈卦辭〉「利女貞」賦予更多元的性別意識，即有更富創造性的詮釋，而對現代社會的家庭問題提出治癒性的方向。如前文所言，「女」不應只限於生理之別，尚具社會屬性之分，甚至陰陽德性之從。「家人卦」，如程頤等所釋：「二與

五，正男女之位於內外，為家人之道」（《易程傳》），此說法是依據爻位而來，九五為陽爻，六二為陰爻。然而，陽屬剛健，陰則柔順，並非侷限於生理性的男女之別，而更可重視德性之屬。據此，「九五」在上亦在外，象徵對於正道追尋的剛健之德；「六二」在下亦於內，即表示在日用生活中具體實踐的柔順之德。理想抱負該是放眼於遠大的目標，而人倫之情則總是在細膩近處。以柔細的情感在生活中實踐生生不息以「仁」為核心的剛健目標，這即是家人之道。依據〈小象傳〉所釋之「家人卦」重點，並不放在男女之別，而是強調在風自火出的動力中，所須修行的君子之道：「風自火出，家人。君子以言有物，而行有恆」。宋儒心學家楊簡對此的註解為：

> 「風自火出。風化自言行出，言行又自心出。言有物，非無實
> 之言；行有常，非設飾之行。誠心善道則言有物，行自有恆。誠心
> 之足以化人初，不在諄諄告語，切切檢防。」（《楊氏易傳》）

從楊氏之解，「家人卦」對君子之修德在於言行之真誠與恆心，並且特別強調誠心足以化人，而不必急切於告誡防範。若用薩提爾的家族治療理論，則相應於「一致性溝通」對於家人關係的改善。

第二節　「家人」六爻

▣ 初九：閑有家，悔亡。

「家人卦」之初，陽爻居陽位，剛健當位。宋大儒朱熹的解釋為：「初九以剛陽處有家之始，能防閑之，其悔亡矣」（《周易本義》），家庭之始即以走向正道為念，而以「閑」為防範日後之悔恨。程頤對「閑」則有更深入的說明：

「初，家道之始也。閑，謂防閑法度也。治其有家之始，能以法度為之防閑，則不至於悔矣。治家者，治乎眾人也；苟不閑之以法度，則人情流放，必至於有悔。」（《易程傳》）

從程朱等理學家的見解，家人之間應以法為度作為情感與行為的分際，否則人倫大亂而必生懊悔。倘若以現代家庭系統的治療觀點而論，「閑」即是家人之間的「界限」（boundary），界限不分（fusion）的親密關係極易產生人際紛爭與心理困擾，甚至導致精神症狀。在學習西方家族治療知識時，我們常以西式家庭重視彼此的「界限」，來比較中國傳統家庭中界限感的模糊。但若以初九「閑有家」的爻辭，以及宋儒的註解而論，儒家思想確實重視「界限」在親密關係中的功能，而視其為情感流動的尺度。相對於西方家族治療中的「界限」，《易傳》中的「閑」更針對於倫理關係的「界限」，而非強調心理現象的「界限感」。心理現象的「界限感」主要是以人際關係中「自我」為一獨立性的單位，而能區辨他人與自我的不同，或是代間的區隔性（王行，2007）。如前文所述，不同於西方心理學中的「self」，儒家思想中的「我」總是處於關係中的存在，而「閑」亦是在群己中的倫理界限。如程頤所言：「家人者，家內之道。父子之親，夫婦之義，尊卑長幼之序。正倫理，篤恩義，家人之道也」（《易程傳》），或親與子，或夫與婦，或尊長與卑幼等對偶性的關係中，皆有一套秩序作為「界限」，倫理關係才能「正」，情感流動才能「篤」。換言之，親對子的疏離，夫對婦的忘義，居尊位者的不自重，即會導致倫理關係的偏差，情感關係無法落實，而子即對親不孝，婦即對夫不信，幼者則對長者不服。這樣的家庭關係，當然不利於人性善端的培育，並且容易滋生更多的依附性與匱乏性需求。

六二：無攸遂，在中饋。貞吉。

「家人卦」的第二爻，陰爻居陰位，以柔順當位的吉象。朱熹的註解為：「六二柔順中正，女之正位乎內者也」（《周易本義》），文意之中將

「女」與「陰柔」對應，而認為此爻之吉在於「女正於內」。程頤對此的註解則是：

> 「人之處家，在骨肉父子之間。大率以情勝禮，以恩奪義。惟剛立之人，則能不以私愛失其正理。故家人卦大要以剛為善，初三上是也。六二以陰柔之才而居柔，不能治於家者也，故無攸遂，無所為而可也。」（《易程傳》）

顯然的，程頤對於家中的陰柔之恩情與剛健之禮義有其好惡，因此對於六二之吉的理解則限於「在中饋之吉」：「故在中饋則得其正而吉也。婦人居中而主饋者也，故云中饋」（《易程傳》），換言之，只是對日常飲食生活的吉。清代大儒李光地則有更進一步的解釋：

> 「無攸遂，示不敢由所專也。婦人之職，不過奉祭祀饋飲食而已，此外無他事也。詩曰：無非無儀，惟酒食是議。采蘩以供祭祀為不失其職；采蘋以供祭祀為能循法度。推而上之，推而下之，其職守莫不皆然，是之謂貞而吉也。」（《周易折中》）

文中將「婦女之職」接以「不過……」之辭，仍然表現出貶抑的語態，此說當然與當代的性別平等意識不同而有失迂腐。然而，若引用《詩經》中禮儀酒食的準備與支援，作為家族相處依循之度，而推及上下行事之道，這樣的解釋似乎比較合於陰柔之德。「伐木許許，釃酒有藇；即有肥羜，以速諸父」（《詩經小雅》）。若我們從爻辭的提示，「貞吉」是順著「無攸遂」與「在中饋」而來。「無攸遂」也可說是無所專求之意，家人關係本非利害算計，而是以情為本。「在中饋」則是祀饋飲食的日用生活，看似平常卻是凝聚家人關係之依據。六二之貞吉，即是以柔順的堅定力量支持著日常生活中家人共在的心理情感關係，而非以剛健的道理或至高目標領導群體的

社會生產關係。而此種貞吉，即是無分男女皆應修養的坤德。

▣ 九三：家人嗃嗃，悔厲吉；婦子嘻嘻，終吝。

「家人卦」的第三爻，陽爻居陽位，以剛健當位之象。然卦象中的第三爻，處下卦欲攀升上卦的關鍵性之轉折位置，通常困難較多。「家人卦」的九三之困如宋儒朱熹所言：

> 「以剛居剛，而不中，過乎剛者也，故有嗃嗃嚴厲之象。如是則雖有悔，厲而吉也。嘻嘻者嗃嗃之反，吝之道也。占者各以其德為應，故兩言之。」（《周易本義》）

上述之註解是從卦象之爻位而斷，雖然是剛健當位之象，但是非處於中爻（二或五），所以會有過於剛強的情況，例如：家長管教孩子過於嚴格即產生反效果，甚至會傷害孩子自發性的本真動能。然而，當嚴厲的父母感到後悔時，則能自我反省並調整親職的態度，對於家道而言還是「吉」。但是，過與不及的寬容，雖然親方與子方皆感輕鬆，而沒有任何壓力，最終仍是沒有豐富的成果（吝）。宋儒程頤則對於嚴厲與寬鬆之間，存在著恩情與法度的矛盾衝突，作了一些說明：

> 「治家過嚴，不能無傷，故必悔於嚴厲。骨肉恩勝，嚴過必悔也。雖悔於嚴厲，未得寬猛之中。然家道齊肅，人心祇畏，猶為家之吉也。若婦子嘻嘻，則終至羞吝矣。」（《易程傳》）

顯然的，理學家們一方面感受到過於嚴厲的家庭教育，必傷到骨肉恩情，另一方面則又擔心過於輕鬆的家庭氣氛，反耽誤了日後的成就發展。於是「嚴厲」與「寬容」、「恩情」與「治家」兩者之間的緊張，成為九三的學習功課。其實不只是親職管教，夫妻之間的相處之道也有恩情與禮法之間

的對立性矛盾，而手足關係又何嘗不是，甚至任何人群組織中皆有此「九三」之困。而志於道的君子處於此種困境，又該學習什麼呢？清儒李光地引述了一段朱熹與學生的答問，透露了當時理學家的想法：

> 「朱子語類，問易傳云：『正家之道，在於正倫理，篤恩義。今欲正倫理，則有傷恩義；欲篤恩義，又有乖於倫理。如何？』曰：『須是於正倫理處篤恩義，篤恩義而不失倫理，方可。』」（《周易折中》）

換言之，篤恩義與正倫理的對立性衝突，朱熹是以矛盾辯證的方式，成為對立性統一的整體格局，呼應了陰陽相生的易理。治家之道在於落實骨肉恩情，而落實骨肉恩情又以倫理為度。當代哲學家杜維明（1992）認為，儒家思想的創造性來源，即是「仁」與「禮」之間的張力動能。「仁」出自於「情」，尤其是骨肉家人的親情；而「禮」則強調「規範」，尤其是外部的約束律令。若失去「仁」，則「禮」的內涵會被掏空，所以孔子才說：「人而不仁，如禮何」（《論語・八佾》）。但是沒有「禮」，「文化」也無從累積沉澱，成為穩定人際互動與社會行為的基礎力量，因此孔子也說：「爾愛其羊，我愛其禮」（《論語・八佾》），「仁」與「禮」的兩極性矛盾，成為落實儒家思想中的行動命題。李澤厚（2002）則以「度」的概念，說明了儒家思想的創造性美感。所謂「度」，即是在主體意願與客觀規律的兩極矛盾中，透過實踐的過程逐漸體證出均衡之道。而「家人卦」的九三之困，即是一種「度」的實踐性學習。通過嚴教之悔與嘻嘻之憂，而拿捏出「正倫理處篤恩義，篤恩義而不失倫理」之「度」。據此，治家之道並不崇尚嚴教，更不甘淪於濫情，而是依情（仁）而教，以教（禮）養情的「度」之哲學。

☐ 六四：富家，大吉。

「家人卦」的第四爻，又是陰爻與陰位，柔順之德當位的卦象，並且以

達上卦之初的人位，顯然已有前景。朱熹認為：「陽主義，陰主利。以陰居陰，而在上位，能富其家者也」（《周易本義》），在溫暖的家庭氣氛之下，生產力特別豐富，因此是「利多」的大吉。簡言之，像是「家和萬事興」的這種道理，已深入於中國文化根基。然而，「家人卦」的上卦為「巽」（風），所以六四之順是「巽順」，也就是「君子之德風，小人之德草，草上之風，必偃」（《論語・顏淵》）之「順」，換言之，就是「以德化人」而非「以力服人」。因此，「家和萬事興」的道理並非一味配合，追求表面之人際和諧，而是以柔順之德感化眾人。所以宋儒程頤才強調：

> 「六以巽順之體而居四，得其正位。居得其正，為安處之義。
> 居巽，順於事，但由正道，能保有其富者也。」（《易程傳》）

「順於事，但由正道」，此中之「但」即表明了以「由正道」為原則。因此，對於日用生活的諸事因緣，我們並不強求於其生或其滅，但是總是依著正道而處事，這也就是巽順之陰德。因為不強求，所以無得失之心，所以不起貪念而妄求，在此順事之中而有所得，自然覺得生活富足。

▣ 九五：王假有家。勿恤，往吉。

「家人卦」的第五爻，處天人之際以「王」稱之。陽爻居陽位，又是剛健當位之象，並與「六二貞吉」對應。對於卦象而言，即是天時地利人和俱足。「假」之義，若從朱子則是「至」的意思：「假，至也。如假大廟之假」（《周易本義》）；然而，也有當作「感格」來解釋：「嚴以分言，正家之義也；愛以情言，假家之義也。假有感格之義，故以相愛言之」（《周易折中》），所謂「感格」即是透過實際行動，而體悟之感動。據此，「王假有家」則意指，居於尊位之「王」透過家務的親身參與，而體悟對家的情感。「勿恤，往吉」之解，若照「齊家、治國、平天下」之儒門修身綱領而論，程頤的註解為：

　　「夫王者之道，修身以齊家，家正而天下治矣。自古聖王未有
不必恭己正家為本，故有家之道既至，則不憂勞而天下治矣。勿恤
而吉也。」（《易程傳》）

　　此說當然是依「內聖」而「外王」的修己之工夫次第而論。以心學為本
的宋儒楊簡則對於此爻另有所解：「曰：王假有家，交相愛也。假，大也。
王者，大有其家之道。以天下為一家者也」（《楊氏易傳》），此中的
「假」當作「大」解，並且回反於本心，將天下人視為一家人，而互愛互助
的寬廣心胸，這才是儒家所謂的「王者風範」。

▣ 上九：有孚威如，終吉。

　　「家人卦」最後一爻，陽爻居陰位，以剛居上象徵格局發展之極，也就
是到了盡頭處。雖為剛健但已屬窮究之盡，若要以「正」終成，則在「孚」
而「威」，非「權」而「威」。朱熹的說法是：「上九，以剛居上，在卦之
終。故言正家久遠之道。占者必有誠信嚴威，則終吉也」（《周易本
義》），「孚」即是「堅定的信任感」，像是被母親翼爪保護下的雛鳥，在
如此的溫暖安全下，油然而生的誠信基礎。換言之，家道之正是以「誠信」
而威，才能久遠終成；若家人之間已無信任可言，居上位掌握資源者雖然有
「權力」，但其「威」並不能持久，一旦到了窮老之盡，威嚴也會隨之衰
退。「有孚」並非一朝一日可成，而是從「家有閑」的界限分寸逐漸積累，
經歷了「在中饋」、「悔厲吉」等日用生活中恩情義理的操煩與緊張，成就
了「巽順之富」、「王假有家」等寬廣胸懷，最後才能在剛健之末以「誠
信」立威，而終成於家道之正。宋大儒程頤的以下這段註解，即說明了儒家
思想以「誠信立家」的理想：

　　「上卦之終，家道之成也。故必中有孚信，則能常久，而眾人
自化。為善不由至誠，己且不能常守也，況欲使人乎。故治家以有

孚為本。」（《易程傳》）

然而，「有孚」之外，「威如」二字對理學家而言更有一些從禮法而生的詮釋：

> 「治家者，在妻孥情愛之閒。慈過則無嚴，恩盛則掩義，故家之患常在禮法不足而瀆慢生也。長失尊嚴，少忘恭順，而家不亂者，未之有也。故必有威嚴則能終吉，保家之終在有孚威如二者而已。」（《易程傳》）

顯然的，在恩情與禮法之間緊張中，儒者一直督促著不要以情亂禮、以恩壞義。若從現代家族治療的語彙而言，「親密」與「界限」、「依附」與「自主」、「愛」與「約束」之間的平衡之道，亦是在家庭動力中不斷需要面對與學習的課題。程朱理學對於「禮法」的強調，並不認同於以「心即理」為宗的儒者。其中，楊簡則認為「上九」不同於「九三」之剛，故不以禮法立威，而更重視反求諸己之誠心，以德立威：

> 「九三重剛，故有過嚴之象。上當六位非重剛也，況居巽。故上九之剛，唯有威如之象。雖不用威而如威者，德威也。德威無他，唯誠心於善而已矣。善心誠實，人自信服。孚，信也。」（《楊氏易傳》）

「以德立威」是將「有孚威如」作為完整之體解釋，與程頤將「有孚」與「威如」分開作解的結果大不相同，「理學」與「心學」之分也在於此。從家庭動力而論，「親密」與「界限」必然是家人關係的重要議題，然而源自至誠的信任，才是家人情感與個體發展終成的核心。從《中庸》對「誠」的闡釋，「誠則立」、「不誠無物」、「至誠如神」……等已近於本體論的

高度，足以瞭解儒家思想對其的重視。如果沒有「誠」，親密不在，界限不在，禮法不能常守，威嚴也不長在。所以從楊簡之說，「有孚」是以「誠」為基礎之信，也就是所謂的「誠信」關係，而不是「契約關係」。在「契約關係」下，往往是因為怕有毀約之失，而承擔了守約之責任。「契約」是以外部力量「約束」個人的禮法規範，而「誠信」則是以內在良心「克勉」自我向善發展的實踐，也就是「克己復禮」之道。「家人卦」的終成之爻，以「有孚威如」回歸到人際相處的基本面，以及人性發展的善端處——「誠」之道。而家人之間以「誠信」作為分際界限的出發，以「誠信」作為日用資源的分配利用，以「誠信」作為恩情與法禮之拿捏，以「誠信」作為富家之道，以「誠信」視天下人為家人。「有孚威如」即是齊家的總綱領，而「誠信」則是反求諸己的修身工夫。

〈小象傳〉所云：「風自火出，家人。君子以言有物，而行有恆」，也就是「誠信」的落實根本。家人之間在互動頻繁下，容易產生各種複雜的狀況與情緒，常常也就會說出與真實情感相違之語，例如：操之過急的父親會責備進步緩慢的孩子：「你真笨耶！白花這些錢去學……」；被家庭經濟壓得喘不過氣的妻子會對配偶說：「我真後悔嫁給你……」；而受到冷落的子女會對父母說：「我真希望不是生在這個家……」。真實的情感可能是「關切」、「苦悶」、「孤單」……，然而在家庭動力的氣氛下，我們很容易說出「責備」、「挖苦」或是「貶抑」之語。由於家人相處也時有損及利害得失的處境，因此我們也會說出與真實想法和意願不符之語，例如：礙於嚴父的威權，兒子不得不說：「是的！我明天就會去做這件事……」；不願顏面盡失的先生對太太說：「放心！我馬上就有東山再起的機會……」；害怕孩子失望的母親會說：「等下個暑假，我一定會帶你去……」；真實的想法可能是「其實我並不同意你的意見……」，「其實我並沒有能力滿足你的期望……」，「其實我並不想花時間陪你去……」。然而，在利益得失的計算下，我們可能以「敷衍」、「迴避」、「拖延」而說出策略之語。「言之無物」就是非真誠性的說話，「行而無恆」也就是缺乏真誠的動機與動力去實

踐話語中的意義與價值。如同薩提爾將「一致性溝通」視為自我成長的生活命題，「言必有物」則是儒門立志成為君子的修身工夫。相對於西方的心理治療認為表達與溝通的重要，儒家卻較傾向於「謹言慎行」的價值，而以「剛毅木訥，近仁」（《論語・子路》）為期許。「謹言慎行」並非「自我壓抑」，更不是利害關係的人際算計，而是「言有物，行有恆」的生活鍛鍊。至於「巧言令色，鮮矣仁」（《論語・學而》）則是「有孚威如」的反面性對照，如同政客的辭令，為了操縱人心以獲其利，而精心設計出動聽的語言，討人喜歡的外貌，善巧於溝通協調之術，卻隱藏內心真正的感受與想法，這樣的人際互動若出現在家人關係中，雖然維持了表面的和諧，卻無法產生發自真誠的信任感而彼此疏離冷漠，甚至互相防備競爭，「家」也就成為控制、壓迫個體發展的「宰體」，而非包容承載生命成長的「載體」。以心學解易的楊簡對「威如」之釋，可以表現出「以載自化」而非「以宰強化」的包容終成之德性力量：

> 「夫不用威而如威，其初未見齊一，信服之效久斯見矣，故曰：終吉。威如之道，非用威於外，反身修德人自信服。」（《楊氏易傳》）

第三節　從終極處反思的重塑之旅

若借張三的案例演繹性的討論「家人卦」的義理，為子盡孝、以半百之身親自照顧近百老母親，張三之舉應該是感動人心，何以會發展成手足反目、妻離子散的局面？當然，我們可以從「個人」的角度，一一分析長兄何以不孝？髮妻何以無義？骨肉何以無情？家庭中的每一個人都有他的「故事」，但是不同的人之「故事」版本也不同。像張三的案例，家族治療師不可能要求「全家人」一起進入會談室，核對不同的角度，澄清彼此的誤會，以建構

完整且共識性的「故事」。家道已窮彼此相睽的局面，主要的治療性任務就是要求當事人重新理解這些過往恩怨，從中探究反思自身的生命意義，這也是薩提爾「家庭重塑」的治療性目標：從成人的眼光和理解，重新探究過去在家庭中的學習，進而產生對現在所面對困境的瞭解（鄭玉英、王行編譯，1989）。若從「成人」的字義而言，應不只是生理的，更是心理的成熟，而心理的成熟不只是認知推理、情感體驗的能力，更是對自我的覺醒，以及對他人的同理。薩提爾以「一致性溝通」的概念稱之，並以角色扮演的方式協助當事人，從不同家人的位置體驗感受「他者」，若從儒家思想出發，「家庭重塑」就是「輔仁」的治療性過程。然而，儒家的「成人」與「輔仁」更強調「以情為本的道德性主體」，這就不只是心理成熟與自覺的命題，而更是立志為大的決定。倘若從「重塑」的體驗裡，當事人從歷史中探究性的理解了自己目前的人生何以有此困擾與難題，並且也能從多元的角度同理性的理解了曾經傷害自己家人的處境與痛苦，而這些成長性的體悟仍然需回饋至「我期望有怎樣的生命？」、「我期許成為怎樣的人？」，以及「我的終極性意義為何？」等安身立命的議題。雖然薩提爾的冰山模式中提到「靈性」的追求，我認為「家庭重塑」的重點是「前傳式」之鋪陳，而儒家思想則是直指「完結篇」。誠如《大學》所言：「知止而后能定」，儒門「為己之學」的自我成長之道，是從「終極性價值」的高度，回觀反思倫理日用的情理體驗；「成人」不是人格成熟的狀態（being），而是致力於「善性」的發展歷程（becoming）。相較於「家庭重塑」是從現在已長大的自我，回溯於過去的成長經歷，而產生的覺悟；儒家的「齊家」之道，則是從生命的終極意義回觀當前的處境，而覺醒於自我的道德性實踐。前者從覺醒的現在探究過去的混噩，後者從終極性價值反思當前的生命抉擇。

　　若從「家庭重塑」的工作中，我們必探究張三的原生家庭成長歷史，從小與長兄之間的競爭可能影響了他的自我價值感。在念書與品德表現突出的哥哥，成為張三幼年無形的壓力。長他3歲的家庭模範生，像是永遠跑在前頭的車子，嚴厲的父親總是以此為標竿，鞭策消極懶散的幼子。在角色扮演

的體驗活動中，張三有機會感受到成為優秀長子的龐大壓力，肩負著父親抑鬱不得志的「面子」期許，又吸收著母親辛勞持家的哀怨。父親的「面子」與母親的「哀怨」使得長子不得不加緊馬力往前衝，青少年時期對不長進的弟弟以疏離、冷漠與責難相待，只是情緒的合理出口。事實上，更多的不滿情緒是來自於「嚴以待人，寬以律己」的父親，以及「以自我犧牲綁架孩子情緒」的母親。藉由優異的成績，長子不但令父親有面子，安撫了母親的哀怨，並且換得了「離家」的機會。功課愈好，離家愈遠，也就隔離了對家的複雜情緒，這種「情緒隔離」的狀態，使得長子對年老父母的情感愈來愈「麻木」。相對於長子的期許壓力，張三雖然自小就在被責備中成長，但父母失望之餘，也換得了較多「自在」的空間。在「被失望的自在」中，張三被關愛的匱乏需求促使其下定決心，長大後一定要讓父母知道我不是「歹子」。

「家庭重塑」宛如尋根探源之旅，當事人不只是回溯自己的童年經驗，甚至需要從記憶中的蛛絲馬跡處拼湊父親與母親的原生家庭。與薩提爾曾經共事多年，資深「家庭重塑」帶領者奈瑞（Bill Nerin）的說法是：

> 「我視家庭治療為兩個方向的工作，第一個方向是關照案主目前的家庭（recent family）中的成員，父母、孩子及其重要親屬。第二個方向是處理案主的源自家庭（original family），即自己在其中長大的家庭，並且回溯到兩、三代以前。」（引自鄭玉英、王行編譯，1989，第3頁）

顯然的，對「過去」的探索，一直是薩提爾式的治療，甚至是西方心理治療中很重要的任務。探索「過去」是為了理解「現在」，自小即在手足競爭與威權管教氛圍中的張三，在「家庭重塑」中有機會去理解好面子的爸爸與抱怨不斷的母親，形塑他們一生個性的成長背景與家庭經驗。通常我們會發覺到父母的童年其實也並不好過，家庭不只是孕育孩子的成長，也宰制了他們的主體性發展，而壓抑了自我的潛能與價值感。當事人若能從角色扮演

中體會到父母成長的苦痛，也就有機會理解到上一代的匱乏性需求如何轉嫁傳遞給下一代，而對自己童年的傷痛與匱乏多了一些寬容與接納的心。

　　從終極性高處反思當前的儒學修身，與以現在的覺知追溯過去的重塑治療，兩者各有其特色。若以儒門齊家之道討論張三的案例，「風」與「火」所共構的「家人」格局，其〈卦辭〉義理與六爻之變皆可對當事人產生「重塑」。然而，「重塑」的不只是經驗的覺知與意義，更是喚醒以「道德性主體」為靈性潛能的天命，從這樣的高度覺知「磨難」對「志於道」的命題，張三必須從風風火火的相依與消散關係中「反求諸己」，在匱乏性需求的「欲」與道德主體的「仁」兩者之中，做出分辨與決志：視家人關係為滿足己欲的工具，還是實現人性善端的修行課題。若是「志於大」的後者，即當以「言有物，行有恆」為自我期勉的反思題目。防衛性與情緒性的言語經常是張三面對家人時的表現，而這些損人不利己的溝通，其實有違其心中真實的感受，它們通常只是順著情緒說的氣話。通常「氣話」將自己蒙蔽於整體事實之外，而只看到他人之錯，卻不明於己身之誤。若能以「喜怒哀樂之未發，謂之中；發而皆中節，謂之和」（《中庸》）的「致中和」工夫，作為人際溝通的修身前提，就可將匱乏性需求的生活鬥爭，轉而朝向以道德主體為目標的人生革命。

　　當我們說「氣話」時，往往是將內在的匱乏性需求投射於外在的他人，而欲以情緒性的言語控制壓迫他者。薩提爾特別將「指責」（blaming）列為四種低自我價值時的溝通狀態，而「指責」即是涉入了人我的分際，而失去了應有的「界限」尊重。張三的原生家庭已習以「氣話」彼此相待：父親擔心自己「失面子」而「斥責」家人；母親的「犧牲」成為「抱怨」家人的權力；長兄自小就失去自我界限，將父母的匱乏性需求攬於己身成為責任，終究逃離他處，而尋求能滿足自己匱乏需求的他人；立志於不再讓父母失望的張三，一面將「犧牲」作為「指責」與「抱怨」他人的權力，另一面將壓抑的「逃離」欲望，投射於妻小們的疏遠關係，當下的「孝道」即成為對過去痛苦經驗的彌補。「家人卦」初爻所云：「閑有家，悔亡」則提醒張三必須

反思於自己與家人關係的倫理界限，因為倫理不正，所以恩義不篤。以「犧牲」作為道德權力，對他人「指責」與「抱怨」，滿足於自身童年的不被重視之匱乏性需求，「孝」成為獲取尊嚴地位的工具，於是家人之間「倫理不正」、「恩義不篤」。若能反求諸己，自覺於「不正」之源，即可「悔亡」。

　　如前所述，家人關係是以情為本而非利害關係的計算。在此前提下，家務照顧也是無目的之目的性，以「無攸遂」之心於日用生活中勞動。這樣的勞動沒有報酬所得，甚至周而復始的操煩也難有成就感。若非「以情為本」，既無報酬也難有成就，日以繼夜的身心勞動實難支撐。張三決定親自照顧老母親時已近中年，持續了十年之久，若以「有攸遂」之心則更容易陷入「失落」與「沮喪」。然而，「有」或「無」之辨，必由「自知之明」，而非外顯現象所能論斷。儒家心法「自誠則明」（《中庸》），直指能「明」在於「誠」，尤其是「自誠」，也就是不欺瞞自己，以良知來面對自己的所作所為之內省自覺工夫。張三若是以「無攸遂」之情「在中饋」，盡孝的照顧勞動即能以柔順凝聚家人情感，而不是以高尚的道德意識與強硬的禮法要求家人的行為。反之，以「有攸遂」之計「在中饋」，照顧的勞動則成為「付出」即應「所得」，難免處道德優勢的地位期許，責求甚至貶抑手足與妻小等不足之處，於是家人與他的關係必不能持久，終究疏離而求去。

　　「家人嗃嗃」的「九三」正是張三的當前寫照，道德的要求與恩情的需求成為兩難。然而，兩難的矛盾處正是整全之道，如何能在「正倫理處篤恩情」成為張三的生活命題。盡孝是「正倫理」，但以自己的犧牲為準，要求手足和妻小做到同樣的付出，否則即以譴責相向，道德壓迫下家人的恩情就「難篤」了！張三若能以情出發，就算手足不孝、妻子不義，「為仁由己，而由人乎哉」（《論語·顏淵》），依仁而行，以禮相待，這才能「正倫理」。儒家的修身是以「倫理」療癒生命，倫理正，心即安！而「倫理」是在「禮」與「仁」張力之間的「度」，「恩情」與「理法」辯證之中的「和」。位居人位之始的「九三」必然艱難，這也是張三「成人」的功課。

「仁者人也，親親為大」（《中庸》），儒家的「成人」即是成就「仁」，並且以家人的親密關係為生命中的重大功課。此刻，年逾半百的張三透過盡孝正在面對著「成人」的課題。

　　「家人」的上卦為「巽」，也就是以「風」為象。「君子之德風」（《論語‧顏淵》），風之順是「順」於德，而非「順」於勢。宋大儒張載的名言：「存，吾順事；歿，吾寧也」（《西銘》），此言中的「順事」，並非消極性的隨波之順，而是順應天理良知而行的「君子固窮」（《論語‧衛靈公》），也就是「巽順」。六四居上卦的人位，對「做人」之道也更有覺醒體悟。「家人卦」的「富家大吉」，就是順德而富家之吉，這也是張三「做人」的功課，學習「以德服人」，也就是從德風感化手足和妻小。「王假有家」的氣魄境界，對目前的張三而言並非遙不可及，「我欲仁，斯仁至矣」（《論語‧述而》），端看張三是否有成德的志向，還是選擇道德自滿的憤怒與抱怨。上六「有孚威如」是提示也是盼望，家人關係的終成是以「誠信」為關鍵。張三肩上所承擔的「盡孝」之責，對生命發展而言即是「終成」之業。「終成」屬陰，以坤德為宗，以柔順為用，在日用生活中以情相生，以禮相待，以孚化威。若如是，張三之孝就不會成為手足和妻小的道德壓迫，反而如「草上之風」帶給家人良知的感動與召喚。

第九章　人能弘道，非道能弘人

「如果問我們當代人精神上最大的危機是什麼？可以用一個語詞加以概括，那就是『虛無主義』，一種普遍瀰漫著生命缺乏值得奉獻的價值的心靈狀態。」（沈清松主編，1993，第 V 頁）

作為一個助人工作的教育者，讀到二十幾年前當代哲學家之警語，以此理解周遭社會氛圍中人們生活的心理質感，依然有切中之感。然而，助人專業以何面對這蔓延於周遭的「虛無」？首屆「唐獎」的漢學獎得主，旅居西方世界多年的中央研究院士余英時曾說：

「在美國，人有了心理問題往往求助於心理分析，但是，今天心理分析已經不太管用了；在中國，我們靠朋友打開心結，但是，現在的社會，也使得知心難尋。現代人的心理問題，不能再求助於外在力量或外人了，必須自尋解決之道。」（余英時，2010a，第22頁）

這位享譽國際的歷史學者，雖然對心理分析或心理治療而言並非專家，卻不失其對文化觀察的真知灼見，而我們又該如何回應歷史學家對解決困擾之道的期許？

第一節　修身即是心理療癒

以「心理學」為主的諮商治療專業，確實有其瓶頸以及爭議之處。對「現代性」有相當批判性主張的社會學家吉登斯就曾經說：

> 「（心理）治療是一種在自我的投射中所深深隱含的一種專家系統。……它是圍繞著疾病與治癒這樣的花言巧語而構造起來的。」（引自趙旭東、方文譯，2002，第173頁）。

這位大師級英國學者認為，「心理治療」在晚期的現代性中具有「專家」的地位，在於其提供了「一種生活規劃的方案」。而在此方案中，作為一個「現代性」的人，不僅要能應付生活的壓力，還要發展出一種「自我理解」的功能，以對過去經驗的洞察來協調現在與未來間的關係。吉登斯認為，「心理治療」一方面擔負起協助現代人「調適」的工具，另一方面卻也不斷凸顯現代性社會所造成的混亂和不確定性。在「凸顯」與「調適」的張力中，心理治療及其相關專業已造成了依賴與被依賴的權控關係。這種政治經濟的權力再生，有別於傳統的「權威」（特別是宗教權威），而是「一種高度現代性有關的困惑與實踐的特殊表達」（趙旭東、方文譯，2002，第173頁）。另一位英國社會學家羅斯（Rose, 1996）則批判，心理學家具有詮釋「自我」（self）的知識權力，而掌握了「真實的內在心理」之詮釋，並依此建構了「改變自我」的現代性技術。值得注意的是，治療學家藉著一套「自我」的知識，一面幫助當事人瞭解自我、實現自我，另一面也在透過「自我」的知識，建構當事人的「自我」（王行，2013）。

從上述的批判性意見，再回頭思索余英時之言：「現代人的心理問題，不能再求助於外在力量或外人了，必須自尋解決之道」，我們可以更精準的提出：「現代人的心理問題，不能再依靠市場機制化下依賴於專家權控中的

求助關係，而必須自尋解決之道」。至於向何處自尋解決之道，余英時的建議則是：「要解決人類的心理問題或做為一個人，我堅信中國文化重視個人修養的傳統，會有獨特的貢獻」（余英時，2010a，第22頁）。換言之，我們在生活中的難題、生命中所遇到的困境，要由「修養工夫」的哲思視野來超越生命的境界。「修養工夫」即是在日用生活中學習做人處事的道理。這「道理」並非只是認知層次的知識之理，也不僅是經驗層次的默會之理，而是從生活中種種操煩與困頓中體悟的人之所以為人的天命之理。「體悟」的發生不單是智識的推敲過程，也不能獨自在靈性玄思的世界中進行，而是透過生活的實踐行動，並在實踐行動中反思於心、體證而生。這樣的行動是有方向性的，反思的內涵也是有所依歸的。此方向即是「止於善」，此依歸即是「致良知」，而「善」與「良知」即是人性潛能所在處，也就是——「仁」。「仁」是人心，是道心，也是天心。按此心性之學的方向與依歸，即可建構出與「疾病」及「適應」不同的療人概念：視家庭等現世生活為學習做人處事（修身）的實踐場域。其實，「生活即道場」的觀念對於華人世界並不陌生，無論在「佛家」、在「道家」或在「儒家」等極具代表性的中國傳統文化哲思，皆有相應之處。「新儒家」在致力於復古更新的過程中，也滲容了佛老而創生的「宋明理學」，凸顯了「內聖」的生命價值，而其分歧而出的「心學」，則更確認了「在事上磨」及「人皆可以為堯舜」的庶民生命哲學。這樣的生命哲學不僅賦予了現世困頓的意義，更積極的回應了「人」的超越性價值。若能排除對「傳統」的偏見，以此具有可與西方的形上學、認識論與方法學對話的知識系統，且能充分的與文化深層結構相通的哲思，作為對於理解現代人的困擾以及解決的方案，這實為余英時言下之意：對人類心理療癒之貢獻！

現代人多以「健康、快樂、幸福」為生活質感的追求目標，而心理治療等助人工作也以此為任務，於是「壓力」、「憂鬱」、「孤獨」等生命遭逢下的人性經驗，即成為「適應問題」與「心理疾病」而欲改善之。然而，當孟子所言：

「天將降大任於斯人也，必先苦其心志，勞其筋骨，餓其體膚，空乏其身，行拂亂其所為，所以動心忍性，增益其所不能。」（《孟子・告子》）

此段經典之語即肯定了「憂患困頓之苦」對於人性潛能具有關鍵性的意義。「生於憂患，死於安樂」（《孟子・告子》）的儒家思想，即強調了生命中的諸多操煩、命運中的種種壓迫，對個體發展而言是「必然性」的存在，但同時指出，追尋終極性安樂的「應然性」，才是人性發展的目的。而「天」所降之「大任」，並不是建立外在的社會成就，而是安於內在良知的德性之樂。這種內在超越性的追尋，對於現代人被工具性對待下失去主體性的焦慮，迷茫於生命終極性意義的空虛，當然足以提供轉化困境、提升生命質感的治療學。

對儒家而言，生命的存在是入世的、是在「事上磨」的、是有情感的心安，而非抽離於世間情的孤獨存在。問題是在複雜的人間事中帶著情感，心又如何能安？如同張三的處境，辭去工作而回家盡孝之舉，雖能無後顧之憂地全心投入照顧的勞動，但也實為生活磨難之源。每日所面對竟是老母親風中殘燭的身軀、渙散無能的心智，「死亡」隨影於後佇立於側，對「孝子」的心境而言是何等的操煩與無力。張三日以繼夜的勞動不僅無法獲酬營生，更難有創生建設的精神成就。以中壯年的時光陪伴照顧老朽的生命，期間失去事業發展的良機，失去婚姻關係的相伴，失去骨肉和手足的支持而陷入精神沮喪。如此的照顧者若以「適應困難」與「心理疾病」的角度分析，實為性格偏執、人際不良、情緒困擾、生活封閉的憂鬱症患者。從心理治療的角度而言，我們需要協助他改變其人格、治療其情緒、改善其人際、開放其生活，而逐步地從憂鬱中康復。

然而，從「生於憂患，死於安樂」的儒式療癒而言，張三的處境不就正應驗了「苦其心志，勞其筋骨」的身心狀態！值得一問的是：張三是否願意以此「大任」為志？倘若憂鬱的張三願意以此「大任」為志，則其所深陷的

處境即是「修身的課題」，而非「適應問題」或「心理疾病」的症狀。「修身」是內向的超越，「症狀」是外顯的困頓，儒式的助人之道即是將外顯的困頓引為內向超越的動能性。誠如王陽明所言：「省察是有事時存養，存養是無事時省察」（《傳習錄》），「有事」即是生活中的操煩困頓，「省察」即是以「誠」面對良知時的覺醒，「存養」即是孟子所言「君子存之」（《孟子‧離婁》）的仁德。換言之，外顯的困頓即是存養仁德的契機，將此「仁德」開顯發散於生命中，即是天所降之「大任」。而「無事」只是暫無操煩、困頓的機緣，但我們仍可透過回憶式的反思，覺察於自我生命的發展而存養善端。倘若我們對張三說：憂鬱是不良經驗所造成的心理症狀；或是說：憂鬱是立志於人生修養的課題。前者是心理治療，後者是內聖之道；前者是關於社會生活的適應，後者是關切生命的終極性意義。具有憂鬱症的患者也依然可以立下「成聖」的大志，並在志向確立之下努力於修養自我的心性，且將修養的工夫落實於日常生活中的人際世界。我必須再次強調，「成聖」並非「大事」而是「大志」！「大事」是就著所成就的事業功績而言，「大志」是依著理想性的發願而說。「人皆可以為堯舜」並非是造就出「滿街聖人」的成就，而是市井庶民自覺於良知潛能，而願意依此善端踐行於柴米油鹽的生活之際，並以其為安身之志。據此，面對於憂鬱的張三，所應引導其思索的議題即是：「是否願意志為君子？」

第二節　覺民行道

如前文所述，儒家的心性之學是為「君子謀」，而非「小人謀」。「君子」並非成聖之人，而是追尋自我覺醒與開顯人性價值之士；「小人」也非卑賤之徒，而是無意於開發內在善性潛能的社會生存者。心性之學是因應於終極性的人性價值所提出之生活實踐方案，並非是針對適應與疾病等問題而提出的解決方法。基本上，這是終極性意義與問題的解決，是兩個不同範疇或層次的思想意識。努力成為「君子」無法保護我們無災無病，更不會使我

們的社會適應良好，卻很可能常存「憂患」。倘若我們處於一個病態的社會環境，適應良好的個體難道真的是健康的人嗎？「先天下之憂而憂」的精神苦悶所導致的身心症狀，難道不是對生命有更高的期許所付出的代價嗎？心理諮商的專業人員如果說出：「調整一下期許而適應現實的生活，才是心理健康之道」，這難道不是如哲學家所言，放棄了值得奉獻的價值意義而活在虛無的精神狀態嗎？當儒者說出：「求仁得仁，捨生取義！才是君子之道」，這難道不是提醒生命的主人，人生的終極性價值之所在嗎？簡言之，倘若張三沒有「志為君子」的心，只期望妻小可以體諒他，手足可以重視他，旁人可以稱許他，期望生活中的匱乏性需求得以滿足，那麼心性之學對其而言意義不大；如果他期許自己可以「不患人之不己知，患不知人也」（《論語・學而》），期許自己能「己欲立而立人，己欲達而達人」（《論語・雍也》），期許自己以「致良知」的工夫自覺於天命，那麼心性之學即提供了提升心靈的方案。心性之學所重視的義理在儒家經典中皆有提示，可從不同的視窗理解與體悟此方案的內涵與實踐之道，例如：《論語》中的「仁」、《孟子》中的「善端」、《中庸》中的「天命」與「誠」、《大學》中的「內聖」工夫，以及《易經》中的「道」。而這些經典又是經過千年的社會變遷、文化洗禮所積澱，並且代代皆有賢達之士重新賦予其新意。基本上，此方案可以說是個有機的活體，隨著人心的發展、生命的境界、時代的格局而展現不同的樣貌。張三如同我們當代每一個人，正面臨著現世的操煩、困頓，這些生活難題的形式當然與「古代人」大不相同，但是如果有求道之心，我們即以古人為友，此友是道友，也就是「以文會友，以友輔仁」的「友」。於是我們同歸歷史大川，而不是封閉於物性自我的一窪池水。在大川中，我們體悟著生命的終極歸處，也理解到涓涓細水的存有價值，更可確信於「半畝方塘」自有「活水源頭」的不息生機。在體悟、理解與確信中，我們自然地可以在「存，吾順事，歿，吾寧也」（《西銘》）的精神意識中，踐行於值得奉獻的價值生活。張三的「盡孝之舉」，若能以這樣的格局來安身立命，雖操煩、困頓但內心必不空虛。依據學者肖群忠對中國孝道的分析指出：

「孝道以一種特殊的形式，寄託了中國人的歷史意識。……一個人的生命所以有價值，就在於他把個人有限的生命，融入了歷史的長河中，把自己看作是歷史祖先文化理想的實踐者。所以，儘管中國人也追求永恆，但與西方文化的一個很大不同是，中國人並不祈求在超驗的上帝那裡獲得永恆，而寧願在這充滿人情與理想的歷史中獲得永恆。」（肖群忠，2002，第18頁）

從這樣的視野論及張三事親勞動的身心之苦，可回應於前文所述及的哲學家對當代人精神危機之憂：「一種普遍瀰漫著生命缺乏值得奉獻的價值之心靈狀態。」據此，事親勞動即是精神的寄託，將心靈匯入於「充滿人情與理想的歷史長河」中尋求永恆。

如前文所述，陽明心學將儒家思想「得君行道」的千年政治傳統，解放為「覺民行道」（余英時，2004）。尤其是其後學們在鄉村社區中教育實踐上的努力，內聖之道進入了另一層境界。距今四百多年前，以王艮等人為代表的泰州學派，致力於參與鄉村地區的教育工作，「心學」逐漸成為平民化的精神資源，儒學也不再只是知識分子們參與國家政治權力的資產（宣朝慶，2010）。改革後的儒學更接近群眾，也更重視在日用倫常生活中悟「道」；我們也可以說，更為接近輔導教育、諮商、社工等助人工作的形式條件，例如：張三的困擾並不在於憂國憂民，而是來自日用生活中的事理與倫常中的情感，這是典型的凡夫俗子之操煩與鬱悶。以陽明心學之深義的「四句教」，即可提供這位「平民」立志得道的實踐工夫路徑：「無善無惡心之體，有善有惡意之動，知善知惡是良知，為善去惡是格物」（《傳習錄》），在這四句箴言中包含了「心、意、知、物」的人性層面，而這四個層面皆可成為張三自覺於生命主體之入口。在日常生活中事親，張三必須面對與處理許多紛雜的人際現象，而「理解」則是所有判斷與作為的先決條件。然「理解」並非易事，受限於生命經驗，我們有偏見；受限於情感經驗，我們有成見；受限於語言經驗，我們會誤解。在此種種限制之中，張三該如何

超越「我」這個限制？

　　心學提供給張三的方向是：不以外在現象的所見與所聞為依據，而是以內在道德所判斷的行動為原則。換句話說，在人間事中理解客觀事項是一回事，理解善惡之存在則是另一回事。譬如說：當張三聽聞到前妻在孩子面前數落其不是之處，這件事即是張三需格之物；若要把這件事以「善」處理，就必須從良知處省察「善」與「惡」；而良知之省察工夫，必落實於其內心「善」、「惡」意念的活動中；而有「善」、「惡」之念，才會掀動本是寂靜的心體。當聽聞前妻所語，張三的心體即被其善惡意念所牽動，他會不舒服、會生氣、會難過、會覺得沒面子等諸多情緒反應，皆是映著善惡意念所動。而這些意動反映則應從「良知」處省察其善惡之分，若有羞愧則是善端，若覺得沒面子而生氣，則屬匱乏性需求之欲。有了良知光照下的善惡之分，張三才能以君子之志行為善去惡的具體行動，也就是從羞愧的善端處回應於親人，而不以匱乏處責難妻小。如此在倫常關係中下工夫於「格物致知」，並非是協助張三使其前妻回心轉意的策略伎倆，也不是為了要贏得孩子們尊重的鄉愿之術，一切只是為了「致良知」，只是為了致力於生命之善，為了自己的終極性意義，這也就是儒家「為己之學」的道理。「為己之學」可以說成是：成為自己的實踐過程。但是如前文所述，儒家中的「我」與西方心理學或社會學中的「self」（自我）有很大的出入，所以「古之學者為己，今之學者為人」（《論語・憲問》），為的不是西方的「自我」，而是儒家思想中的「我」。

　　容我再次強調以下的重要觀念，儒家思想中的「我」是上通於天、下基於地、旁通於人倫，也就是由天地人所成就的整體關係中之主體意識與價值經驗。所以「為己之學」即是成就這樣的「我」，而非單位化、個體化的自己。余英時精簡扼要的描述，很能傳遞出這樣的「我」所內涵的整體性與超越性層次：

　　　「這個觀點要求把『人』當作一個有理性、也有感性的、有意

志的，也有欲望的生命整體來看待。整體的自我一方面通向宇宙，
與天地萬物為一體；另一方面則通向人間世界，成就人倫秩序。」
（余英時，2007，第 51 頁）

　　顯然的，儒家思想的「人」不僅是人類學的物種存有或心理學的功能經
驗，更是倫理關係中的整體存在意識與實踐。儒家思想中的「我」，並非只
是受到身心條件與環境經驗影響而形塑的個性、態度、行為習慣的組合，或
對自己的整體觀感與意識。儒家中所重視的「我」，不是私我而是大我，這
個「大」也不僅是在數量方面的集體性，而更是以天地相通、萬物一體之大。
這「大」的存有即是道德主體。據此，「為己」的意思就不是順著個性與環
境條件而長出的自己，而是超越個性與環境條件而成為有德之人。更具體的
說就是成為仁者，一個在生活中實踐忠恕之道而體現出的「自我」。

第三節　道在倫常

　　若從儒家「為己之學」出發所思考的自我成長之路，乃是在生活諸事中
反求諸己的深層自覺與反省，而此覺醒的關鍵處在於「誠」。「誠則立」，
唯有真誠地反思自己的所為、所欲、所知、所感與所覺，並且「誠於中，形
於外」、「如己所是」地面對世間事，才能產生真正的深度覺醒。此種「反
求諸己」的深度性自覺，不只是覺知於過去經驗對己身之影響，更是覺醒於
良知。良知不是外在的道德規範，而是內在的成德潛能。覺醒於良知是自己
的獨知，而非假外在他者所知。據此，反求諸己的深度自覺即是求己的自我
療癒，而不是依靠諮商師操作治療方法、技術使自己覺知。雖是自我療癒但
並非封閉於玄思中，而是以深度覺醒的意識處於日用倫常的世間事中。在過
程中，會不斷地經歷著客觀規律與主觀意願之間、外在形式與內在情感之間、
私己與大我之間、禮與仁之間的緊張與矛盾，儒家的修身即是在此張力中，
學習更接近於盡己之忠與及人之恕的做人處事之道。我們可以借杜維明的話，

來強調這套「忠恕之道」對現代人的精神空虛與心理困擾具有的療癒性意義。
他說：

　　「君子通過長期深入挖掘自己的生存基礎的無止境過程，發現
　　他的真正的主體性不是孤立的自我，而是進行創造性轉化的真正泉
　　源所在。」（杜維明，1997，第 27 頁）

　　雖然是自我療癒，但並不表示儒家諮商的過程是拋棄他者。相反地，成
聖之道是發生於關係中，尤其是在日常人倫的處境與情感中。在此前提下，
諮商工作者的角色意義，絕非如同西方心理諮商與助人工作般，刻意地以「專
業」與當事人的生活領域區分為二。儒家諮商中的工作者與當事人皆是立志
求道而彼此砥礪、提醒、支持、協助的「道友」。翁開誠（2006）引用《論
語》中「以文會友，以友輔仁」（《論語‧顏淵》）的這句話闡釋出儒家諮
商的義理，很能表達以誠相待的助人關係。據我的理解，「文」可以比為
「生命故事」，積累我們理性與感性的基礎，而諮商即是在生活中以生命故
事和志於道的朋友相會，相互「輔」助而開顯生命中的善性——仁。這樣的
諮商與助人過程並非侷限於會談室內相濡以沫般的言語分享，而更重要的是
在日常生活中具體實踐的相互砥礪。

　　受到西方知識的影響，心理諮商等助人工作往往被視為在具隱私性的室
內空間所進行的固定療程。對於儒家思想而言，重視修身養性的工夫則必須
落實於日常生活人倫關係的時空內。「道」是在倫常日用之中的自覺，而非
在諮商室內的領會。據此，在教室、在公園、在咖啡館、在馬路邊或公車上
皆可有道、問、學的時機，而諮商即是在生活中實踐「道」的具體行動，以
及後設性地反省與自覺。諮商不必也不該被侷限於會談室內的治療過程，而
與實存的生活切割為二。

　　如前文所述，我明確地認同儒家修身之道即是一套完整的自我諮商工
夫。之所以完整，主要來自於必須將整套關於德行的知識實踐於具體的生活

中，而非思想上與言語中的討論而已。以王陽明為主的心學更是強調：認真地「過日子」即是知「道」的工夫；所知之道也必定是在生活中，能產生具體的鍛鍊與實踐之行動，才是真正的道。據此，這整套以修身為主的自我諮商工夫，不是以會談的方式分析當事人的心理動力或認知與情緒狀態，而是當事人在具體生活事件中的行動與反思、體悟與實踐為一體的覺察、選擇與作為的過程。西方的諮商與助人知識主要是建構於困擾、症狀解決的出發點，類似於求醫，當事人覺得自己有問題才來尋求專業助人者的協助。而儒家思想講究修身養性，因此諮商並非求醫，而是尋道。換言之，志於道者必須反求諸己以悟道，於是無論有無困擾、是否生病，都需要在生活中不斷地學習自覺與反省的工夫。用王陽明的話來說，就是「省察是有事時的存養，存養是無事時的省察」（《傳習錄》）。困擾的時候，即以省察的工夫來滋養心中之仁與德行；而平常的時候，即以滋養心中之仁與德行以鍛鍊省察的工夫。

　　西方的諮商與助人之道，強調會談的技術與方法，透過助人專業工作者與當事人的言語交換過程，形成評估、診斷與處理問題的連續性操作過程。儒家諮商則是朝向德性的體悟與知行合一的實踐智慧，因此必須超越語言做為溝通工具的認識論架構，而從人文詮釋學出發，感受超越語言的人文質感與生命之境。我們可以用「感而遂通」來描述這樣的意境，使人相通地並非是「語言」而是「感動」，並且不僅是情緒上的「感」，更是審美意識中的「遂通」。而「通」也不只是個體與個體之間的相通，更是參贊於生命本體之通。如前文所述，儒家的自我非個體化的自我，而是在天地人的整全關係中之自我。因此，若對應於西方心理諮商所強調的自我實現，我想再次地強調儒家的諮商與助人之道並非幫助當事人成就私己的滿足感、適應感、安全感、價值感，而是透過具體而特殊的個人，開顯人性與生命的普遍之善──「仁」。這個「仁」是天命，也是人性；無論社會底層或精英分子、為善之士或是作惡之徒皆內存於心中，等待發芽與壯大。儒家的療癒即是肯定它、發現它、體驗它與開顯它而「成人之美」的歷程。於是若用「修養」來取代「諮商」一詞，我覺得很適當；而以「成人」一詞來取代「助人」，我更感

到貼切，所以儒家式的諮商與助人工作即是「成人之美的修養工夫」（翁開誠，1997）。

在此引用翁開誠老師近期大作中的一段話做為本書的結語，因為透過他的引領，我才進入了中國哲思與心理諮商對話的格物工作，而他的這段話將本書的千言萬語更精簡的提點而出。他說：

> 「但我相信儒家所傳承的『道在倫常日用之情中』，每個個人
> 在其生活中的奮鬥、了悟與品味是珍貴的，個人困境的出路，很可
> 能也為別人帶來出路，甚至是給整個時代帶來出路。每個人都不該
> 妄自菲薄，有為者亦若是。」（翁開誠，2014，第117頁）

參考文獻

中文部分

方東美（2004）。**生生之德**。臺北市：黎明文化。

王守仁（明）（1997）。**王陽明傳習錄及大學問**。臺北市：黎明文化。

王行（2002）。**家族歷史與心理治療：家庭重塑實務篇**（第三版）。臺北市：心理。

王行（2006）。速寫臺灣社工與諮商兩種助人專業的證照化與商品化。載於東吳大學社會學系（主編），**社會關懷：祝賀楊孝濚教授六秩晉五論文集**。臺北市：東吳大學社會學系。

王行（2007）。**暴力與非自願性案主的輔導：系統視野的論述**。臺北市：松慧。

王行（2013）。**從儒家經典與我的知行反映中體悟諮商與助人之道**（未出版之博士論文）。輔仁大學，新北市。

王行（2014）。**尋人啟示：從西方助人專業回返儒家德性之知**。臺北市：松慧。

王畿（明）（1970）。**王龍溪全集二十卷**。臺北市：華文。

成中英（1991）。中國哲學中的方法詮釋學：非方法論的方法論。**國立臺灣大學哲學評論，14**，249-288。

朱志方（譯）（2013）。**青年王陽明（1472-1509）：行動中的儒家思想**（原作者：杜維明）。中國北京：生活・讀書・新知三聯書店。

朱熹（宋）（1958）。**論語・集註**。臺北市：中華叢書編審委員會。

朱熹（宋）（1999）。**周易本義**。臺北市：大安。

牟宗三（1974）。**中國哲學的特質**。臺北市：臺灣學生書局。

牟宗三（1983）。**中國哲學十九講：中國哲學之簡述及其所涵蘊之問題**。臺北市：臺灣學生書局。

牟宗三（2003）。**宋明儒學的問題與發展**。臺北市：聯經。

牟宗三（主講）（2003）。**周易哲學演講錄**（盧雪崑錄音整理）。臺北市：聯經。

余治平（2009）。儒家成己成性的哲學追求：以中庸之「誠」為中心。**哲學與文**

化，**36**（11），5-23。

余英時（1976）。**歷史與思想**。臺北市：聯經。

余英時（1984）。從價值系統看中國文化的現代意義：中國文化與現代生活總論。臺北市：時報文化。

余英時（2004）。**宋明理學與政治文化**。臺北市：允晨文化。

余英時（2007）。**知識人與中國文化的價值**。臺北市：時報文化。

余英時（2010a）。**人文與民主**。臺北市：時報。

余英時（2010b）。**現代儒學論**。中國上海：人民。

余敦康（1996）。周易與中國文化傳統。載於**易經應用大百科**。臺北市：地景。

余德慧（2001）。心學：中國本土心理學的開展。**本土心理學研究，15**，271-303。

余德慧（2010）。**觀山觀雲觀生死**。臺北市：張老師文化。

吳怡（1993）。**中庸誠的哲學**。臺北市：三民。

吳就君（2012）。**沙灘上的療癒者：一個家族治療師的蛻變與轉化**。臺北市：心靈工坊。

吳慈恩（1999）。**邁向希望的春天：婚姻暴力受虐經驗之分析與防治實踐**。高雄市：高雄基督教家庭協談中心。

吳震（2011）。**傳習錄精讀**。中國上海：復旦大學出版社。

李弘祺（譯）（1983）。**中國的自由傳統**（原作者：W. T. de Bary）。臺北市：聯經。

李光地（清）（1998）。**周易折中**（上下冊）。臺中市：瑞成。

李淑珺（譯）（2014）。**心理治療的道德責任：面對個案的專業倫理**（原作者：W. J. Doherty）。臺北市：心靈工坊。

李澤厚（1996）。**中國古代思想史論**。臺北市：三民。

李澤厚（2002）。**歷史本體論**。中國香港：商務印書館。

杜維明（1992）。**人性與自我修養**。臺北市：聯經。

杜維明（1996）。**現代精神與儒家傳統**。臺北市：聯經。

杜維明（1997）。**儒家思想：以創造轉化為自我認同**。臺北市：東大。

沈清松（主編）（1993）。**中國人的價值觀：人文學觀點**。臺北市：桂冠。

沈清松（主編）（1995）。**詮釋與創造：傳統中華文化及其未來發展**。臺北市：

　　聯經。

肖群忠（2002）。**中國孝文化研究**。臺北市：五南。

周月清（1995）。**婚姻暴力：理論分析與社會工作處置**。臺北市：巨流。

周繼旨（1996）。周易與中國傳統思維模式。載於**易經應用大百科**。臺北市：地
　　景。

孟子（周）（1973）。**孟子今註今譯**（史次耘註譯）。臺北市：臺灣商務印書館。

孟祥森（譯）（1969）。**愛的藝術**（原作者：E. Fromm）。臺北市：志文。

林方（譯）（1988）。**科學心理學**（原作者：A. H. Maslow）。中國昆明：雲南人
　　民出版社。

林安梧（1996）。**中國宗教與意義治療**。臺北市：文海學術思想發展基金會。

林沈明瑩、陳登義、楊蓓（譯）（1998）。**薩提爾的家族治療模式**（原作者：V.
　　Satir, J. Banmen, J. Gerber, & M. Gomori）。臺北市：張老師文化。

宣朝慶（2010）。**泰州學派的精神世界與鄉村建設**。中國北京：中華書局。

唐君毅（1980）。**病裡乾坤**。臺北市：鵝湖月刊。

唐君毅編輯委員會（編輯）（1991）。**唐君毅全集**。臺北市：臺灣學生書局。

夏林清、鄭村棋（譯）（1996）。**變：問題的形成與解決**（原作者：P. Watzlawick,
　　J. H. Weakland, & R. Fisch）。臺北市：張老師文化。

徐復觀（1993）。**中國思想史論集**。臺北市：臺灣學生書局。

翁開誠（1997）。同理心開展的再出發：成人之美的藝術。**輔仁學誌：文學院之
　　部，26**，261-274。

翁開誠（2004）。當 Carl Rogers 遇上了王陽明：心學對人文心理與治療知行合一
　　的啟發。**應用心理研究，23**，157-200。

翁開誠（2006）。若絕若續之「輔『仁』」心理學。**應用心理研究，31**，
　　161-193。

翁開誠（2011）。敘說、反映與實踐：教學、助人與研究的一體之道。**哲學與文
　　化，38**（7），75-95。

翁開誠（2014）。道在倫常日用之情中：從李澤厚的儒學「情本體」說起。**哲學
　　與文化，41**（12），97-120。

高懷民（2000）。易經對人類三大問題的提出及其解決之道。**北縣教育，33**，
　　39-45。

張包意琴、陳麗雲（2000）。和諧中變革：易經與華人的心理輔導。**本土心理學研究**，**14**，199-235。

張載（宋）（1975）。**張子正蒙注**（王夫之著）。中國北京：中華書局。

張灝（2010）。**幽暗意識與民主傳統**。中國北京：新星。

章明儀（譯）（2003）。**心智與自然：統合生命與非生命世界的心智生態學**（原作者：G. Bateson）。臺北市：商周文化。

陳天機、許倬雲、關子尹（主編）（1999）。**系統視野與宇宙人生**。中國香港：商務印書館。

陳系貞（譯）（2001）。**佛洛伊德檔案**（原作者：J. Malcolm）。臺北市：究竟。

陳若璋（1994）。從鄧婦殺夫案檢討臺灣婚姻暴力反應的種種社會問題。**律師通訊**，**176**，25-30。

陳雅馨、楊晴（譯）（2013）。**危險療程：心理學大師榮格、佛洛伊德與她的故事**（原作者：J. Kerr）。臺北市：商周文化。

陳榮捷（1992）。**近思錄詳註集評**。臺北市：臺灣學生書局。

陳榮捷（1996）。**宋明理學之概念與歷史**。臺北市：中央研究院中國文哲研究所。

勞思光（2000）。**大學中庸譯註新編**。中國香港：香港中文大學出版社。

嵇文甫（1990）。**左派王學**。臺北市：國文天地雜誌社。

程頤（宋）（1990）。**易程傳**。臺北市：文津。

馮友蘭（1993）。**中國哲學簡史**。臺北市：藍燈文化。

黃光國（1998）。人能弘道，道通為一：心理學本土化的方法論挑戰及其回應。**本土心理學研究**，**9**，365-399。

黃光國（2001）。**社會科學的理路**。臺北市：心理。

黃光國（2013）。**社會科學的理路**（第三版）。臺北市：心理。

黃光國（2014）。**倫理療癒與德性領導的後現代智慧**。臺北市：心理。

黃奇銘（譯）（1971）。**尋求靈魂的現代人**（原作者：C. G. Jung）。臺北市：志文。

楊淑蘭（1990）。從大易哲學談中國的輔導哲學觀。**輔導月刊**，**26**，14-19。

楊儒賓（譯）（1993）。**東洋冥想的心理學：從易經到禪**（原作者：C. G. Jung）。臺北市：商鼎。

楊簡（宋）（1983）。**楊氏易傳**（景印文淵閣四庫全書，第14冊）。臺北市：臺

灣商務印書館。

溫洽溢（譯）（2001）。**追尋現代中國（中）：革命與戰爭**（原作者：J. D. Spence）。臺北市：時報文化。

廖世德（譯）（1995）。**物理之舞**（原作者：G. Zukav）。臺北市：方智。

廖俊裕（2011）。敘事儒學的開創光大：曾昭旭先生的儒學歷史定位。**鵝湖月刊，435**，27-42。

趙旭東、方文（譯）（2002）。**現代性與自我認同：晚期現代的自我與社會**（原作者：A. Giddens）。新北市：左岸文化。

劉君祖（1997）。**天地易**。新北市：作者。

劉繼（譯）（1990）。**單向度的人：發達工業社會意識型態研究**（原作者：H. Marcuse）。臺北市：久大。

蔡仁厚（2007）。**王陽明哲學**。臺北市：三民。

蔣伯潛（廣解）、朱熹（宋）（集註）（2011）。**新刊廣解四書讀本**。臺北市：商周。

蔣夢麟（1994）。**西潮**。臺北市：新銳。

霍晉明（2011）。「現代性」情境下的道德實踐問題：從牟宗三先生的「坎陷說」到曾昭旭先生的「愛情學」。**鵝湖月刊，435**，55-64。

鄭玉英、王行（編譯）（1989）。**家庭重塑：探尋根源之旅**（原作者：B. Nerin）。臺北市：心理。

鍾彩鈞（1993）。**王陽明思想之進展**。臺北市：文史哲。

顏國明（2006）。**易傳與儒道關係論衡**。臺北市：里仁。

顏澤賢（1993）。**現代系統理論**。臺北市：遠流。

英文部分

Anderson, R. E., Carter, I. E., & Lowe, G. (1999). *Human behavior in the social environment: A social systems approach*. New York, NY: Aldine De Gruyter.

Rose, N. (1996). *Inventing ourselves: Assembling ourselves*. New York, NY: Cambridge University Press.

von Bertalanffy, L. (1968). *General system theory: Foundations, development, applications*. New York, NY: G. Braziller.

國家圖書館出版品預行編目（CIP）資料

修身與齊家：以儒家心學為助人知識的家族治療
／王行著. --初版.—新北市：心理, 2016.07
面；　公分. --（心理治療系列；22155）
ISBN 978-986-191-720-7（平裝）

1. 家族治療　2. 儒學

178.8　　　　　　　　　　　　105006346

心理治療系列 22155

修身與齊家：以儒家心學為助人知識的家族治療

作　　者：王　行
責任編輯：郭佳玲
總　編　輯：林敬堯
發　行　人：洪有義
出　版　者：心理出版社股份有限公司
地　　址：231 新北市新店區光明街 288 號 7 樓
電　　話：(02) 29150566
傳　　真：(02) 29152928
郵撥帳號：19293172　心理出版社股份有限公司
網　　址：http://www.psy.com.tw
電子信箱：psychoco@ms15.hinet.net
駐美代表：Lisa Wu（lisawu99@optonline.net）
排　版　者：辰皓國際出版製作有限公司
印　刷　者：辰皓國際出版製作有限公司
初版一刷：2016 年 7 月
I S B N：978-986-191-720-7
定　　價：新台幣 220 元